Les Dialogues de Maître Eckhart
avec
sœur Catherine de Strasbourg

Maître Eckhart

Les Dialogues de Maître Eckhart
avec
sœur Catherine de Strasbourg

Traduit du moyen haut allemand
par Gérard Pfister
en collaboration avec Marie-Anne Vannier

Préface de Marie-Anne Vannier

Arfuyen

Préface

Un écho de l'expérience spirituelle d'Eckhart ?

La vie d'Eckhart nous est encore peu connue. À la différence d'autres auteurs, saint Augustin par exemple, Eckhart n'a pas rendu compte de sa vie, mais pratiqué la *discretio* chère aux Pères du désert. Il n'a pas eu non plus la chance d'avoir, comme saint Thomas d'Aquin, un biographe.

Si l'on peut tout de même retracer l'essentiel de son itinéraire en se référant aux charges qui ont été les siennes, son expérience spirituelle, qui constitue pourtant la matière même de son œuvre, nous reste difficile à connaître.

Sans doute remonte-t-elle aux premières années de sa vie dominicaine, au couvent d'Erfurt dès 1275, mais elle semble franchir une étape décisive lors de son séjour à Strasbourg de 1313-1314 à 1324.

L'une des raisons majeures de l'intérêt qu'on peut porter à ce dialogue apocryphe, *Daz ist swester katrei*, tient précisément au fait qu'ils nous permet, à côté des *Légendes*[1], de mieux comprendre l'expérience spirituelle qu'Eckhart a connue lors de son séjour à Strasbourg[2], faisant de lui non plus seulement un *Lesemeister* – un de ces théologiens d'école qu'on ne lirait plus aujourd'hui –, mais surtout un *Lebemeister*, un pasteur d'âmes dont la parole, portée par la force d'un message inouï, traverse les siècles.

Ce message eckhartien est à la fois nouveau et, au fond, très ancien. C'est celui même du christianisme : il s'agit de *« devenir par grâce ce que Dieu est par nature »*, comme le dit Eckhart à la suite de Maxime le Confesseur. C'est là tout le sens de l'Incarnation, résumé dans la formule célèbre d'Irénée de Lyon : *« Dieu s'est fait homme pour que l'homme devienne fils de Dieu*[3] *»*.

1. *Les Légendes de Maître Eckhart*, traduction et présentation de Gérard Pfister, Arfuyen, 2002.

2. Cf. Marie-Anne Vannier, *« Maître Eckhart à Strasbourg »*, in : *Voici Maître Eckhart*, Grenoble, J. Millon, 1994, p. 341-353.

3. Saint Irénée de Lyon, *Contre les hérésies*, III, 19, 1.

Eckhart a connu lui-même l'expérience de cette filiation divine, comme il le laisse entendre en filigrane dans le *Sermon* 71, dans lequel il nous donne une relecture de ce temps fort de sa vie à la lumière de l'expérience de Paul sur le chemin de Damas et s'oriente vers la voie négative.

Dans les *Dialogues* avec Katrei, la dimension spéculative est beaucoup moins présente. C'est qu'ici Eckhart ne parle pas de lui-même, mais nous est montré dans sa pratique même de *Lebemeister* : pratique paradoxale puisqu'on le voit se laisser enseigner par celle-là même qu'il devait former, et dont il a reconnu qu'en fait elle le devance sur la route qu'il a à explorer.

À une époque où l'œuvre d'Eckhart, dans ses aspects les plus originaux, suscite un intérêt de plus en plus large, ce court récit, publié en Allemagne en 1857 par Franz Pfeiffer[4] et dont la première traduction française[5] est épuisée

4. Franz Pfeiffer, *Deutsche Mystiker des vierzehnten Jahrhunderts*, Band. 2, Leipzig, 1857, p. 448-475.
5. Traduction A. Mayrisch Saint-Hubert, *Telle était sœur Katrei, Traités et sermons*, Cahiers du Sud, 1954.

depuis de très nombreuses années, nous est particulièrement précieux en ce qu'il nous révèle une figure d'Eckhart beaucoup plus vivante et proche que celle que peuvent nous suggérer ses grandes œuvres, et peut-être l'image même qu'avaient de lui ses auditeurs et disciples strasbourgeois des débuts du XIVe siècle.

Une œuvre majeure de la littérature spirituelle populaire

On ne sait qui est l'auteur de cet ouvrage.

A-t-il été écrit par le cercle strasbourgeois afin de faire mémoire du tournant décisif[6] qui s'est alors effectué dans la vie d'Eckhart ? Émane-t-il plutôt du milieu eckhartien qui aurait cherché par ce moyen, après la condamnation du Maître, à transmettre l'essentiel de son message ?

Ou bien faut-il l'attribuer aux *Amis de Dieu*, qui auraient voulu ainsi, quelques décennies plus tard, se recommander du grand théologien pour

6. Marie-Anne Vannier, *« L'homme noble, figure de l'œuvre d'Eckhart à Strasbourg »*, Revue des sciences religieuses 70 (1996), p. 73-89.

établir la justesse de leur perspective ? Toutes ces hypothèses restent en suspens.

Force est de constater que ces *Dialogues*, si vifs et parfois même irrespectueux, n'ont guère d'équivalent dans la littérature religieuse. Ne serait-ce que du point de vue de la forme, ils constituent une création remarquable, spécifique de l'inventivité littéraire des milieux spirituels rhénans, tout comme, dans des registres différents, les *Légendes* et les *Dits*[7]. Faut-il d'ailleurs s'en étonner : l'impulsion première de cette démarche n'a-t-elle pas été donnée par Eckhart lui-même, qui n'a pas n'hésité à écrire sermons, traités et entretiens en langue populaire ?

Luther célébrait l'écriture du Thuringien, *« orfèvre de la langue allemande »*. Rien n'est plus exact : c'est par sa capacité de renouvellement des formes d'expression de l'expérience spirituelle et par l'audace littéraire qu'il a su transmettre à ses disciples qu'Eckhart a pu faire

7. *Les Dits de Maître Eckhart*, traduction de G. Pfister, préface de M.-A. Vannier, Arfuyen, 2003.

passer le renouveau de la spiritualité rhénane, dont les écrits, traduits et repris à travers les siècles, étrangement nous parlent aujourd'hui encore.

Qui est Katrei ?

On ne sait au juste qui est Katrei, cette sœur Catherine de Strasbourg, personnage central des *Dialogues*, qui nous est présentée comme *« la fille qu'Eckhart avait à Strasbourg »* (*meister eckehartes tohter von strâzburg*) ?

Est-ce à dessein que l'auteur a souhaité laisser son identité dans le flou, pour qu'elle nous apparaisse comme une sorte d'allégorie, à la manière de cette figure du détachement, issue des visions d'Hildegarde de Bingen, que représentait la fresque du réfectoire des dominicaines du couvent de Saint-Nicolas-aux-Ondes à Strasbourg ?

Ne doit-on voir en cette *« Catherine de Strasbourg »* que la simple transposition d'une autre Catherine, chère au cœur des dominicains, Catherine de Sienne ? Ou serait-elle au contraire directement inspirée de l'une de ces grandes mystiques rhéno-flamandes qui l'ont marqué lors de son séjour à Strasbourg ?

Faut-il y voir en filigrane le portrait de Marguerite Porete, auteur du *Miroir des âmes simples et anéanties*, à laquelle Eckhart ne se réfère jamais directement, mais dont on sait que l'influence apparaît nettement dans le *Sermon* 52 ?

Quelle que soit l'identité exacte de cette religieuse, il est remarquable que le personnage principal de ces *Dialogues* soit une femme et que cette femme, qui plus est, ne craigne pas de tenir tête à un grand théologien de l'époque. On se rappelle la parole d'Eckhart après sa rencontre avec l'extraordinaire *« jeune fille »* de la première des *Légendes* : *« Vraiment, il me semble que je viens d'entendre l'être le plus pur de tous ceux qu'il m'est arrivé de rencontrer jamais ! »*. Ici, Katrei ne se borne pas à déconcerter Eckhart, elle le met directement en cause dans ses lenteurs et ses insuffisances !

Il n'est certes pas fréquent à cette époque que la primauté soit ainsi donnée à une femme.

Cette référence à une figure féminine témoigne de l'originalité du courant rhénan, où les femmes (dominicaines et béguines en particulier) étaient très présentes et ont parfois joué un rôle décisif[8], comme interlocutrices, disciples ou inspiratrices... N'oublions pas non plus que nombre d'entre elles – de Hadewijch d'Anvers à Margaretha Ebner – ont laissé des écrits importants.

Eckhart, qui a connu personnellement certaines de ces mystiques et a pu avoir accès à certaines de leurs œuvres, a largement contribué à les faire reconnaître et respecter.

Une mise en abîme de la pensée d'Eckhart

En dépit du mystère qui entoure leur rédaction et leur principal protagoniste, ces *Dialogues* sont un petit récit fort habilement composé, selon une structure qui s'apparente au chiasme : il nous invite à partir de l'éternité pour y retourner,

8. Cf. K. Ruh, *Initiation à Maître Eckhart*, Paris, 1997, p. 139-170 ; G. Épiney-Burgard, É. Zum Brunn, *Femmes troubadours de Dieu*, Turnahout, Brepols, 1988 ; B. McGinn, *The Flowering of Mysticism : Men and Women in the New Mysticism* (1200-1350), New York, 1998.

selon la formule bien connue de Jean Tauler à propos d'Eckhart dans le *Sermon* 15 : *« Il parlait à partir de l'éternité et vous l'avez compris à partir du temps. »*

Par le jeu de miroir des symboles et des personnages, c'est ainsi à une mise en abîme de la pensée eckhartienne que procèdent ces *Dialogues*, au point que l'on en vient à s'interroger sur la véritable place d'Eckhart dans le récit : le confesseur évoqué est-il bien le Thuringien comme l'indique l'épigraphe du texte (*meister eckehartes tohter von strâzburg*) ?

N'apparaît-il pas plutôt dans la figure de l'Ami de Dieu, dont les remarques fort judicieuses semblent souvent beaucoup plus proches de sa pensée ?

N'est-ce pas, au fond, l'ensemble des *Dialogues* qui doit se lire comme une mise en perspective de la pensée eckhartienne ? D'une voix à l'autre, ce sont en effet les mêmes grandes idées du Thuringien qui servent de cadre au débat, qu'il s'agisse des notions d'éternité ou de détachement ou encore de la divinisation par la grâce.

Les Dialogues *et le* Meisterbuch

Il est intéressant de mettre en parallèle la construction des *Dialogues* avec celle du *Meisterbuch*, le merveilleux petit traité adressé en 1369 par l'Ami de Dieu du Haut Pays au banquier strasbourgeois Rulman Merswin, disciple de Tauler[9].

Dans cet ouvrage, un *« laïc, homme de Dieu »* (*ein lay, ein gottseliger mann*) est averti en rêve par trois fois d'avoir à se rendre auprès d'un fameux *« maître ès saintes Écritures »* qui donne en ce temps-là sa prédication dans une grande ville voisine, *« à trente mille de distance »* de la montagne où le saint homme vit retiré.

Le laïc écoute le maître parler, en est fort mécontent et, rentré chez lui, transcrit son discours mot à mot. Puis il retourne le voir et lui

9. Le *Meisterbuch* paraîtra prochainement dans la présente collection sous le titre *Le Livre du Maître spirituel.*.

en fait de si justes critiques que le prédicateur en est réduit à lui demander humblement de bien vouloir désormais l'instruire : *« Je te prie de me révéler, pour l'amour de Dieu, comment tu es arrivé à cette conduite de vie, comment tu t'y es lancé, quels exercices tu pratiques et comment se passe ton existence. »*

Ce court récit a connu une diffusion d'autant plus large que le prédicateur y a été identifié par la tradition au strasbourgeois Jean Tauler, le disciple et ami d'Eckhart, et le laïc au célèbre *« Ami de Dieu du Haut Pays »*, le fameux ermite inventé par Merswin[10].

Dans les *Dialogues*, nous retrouvons un schéma analogue : un chercheur de Dieu se rend chez un maître et, bientôt déçu, en vient à devoir l'enseigner lui-même. Dans un cas, le maître est le strasbourgeois Jean Tauler, dans l'autre c'est son aîné le célèbre Eckhart. Deux grands théologiens dépassés par d'humbles laïcs, comme la *vetula* qui va enseigner Jean Gerson.

10. Cf. Bernard Gorceix, *Amis de Dieu en Allemagne au siècle de Maître Eckhart*, Albin Michel, collection Spiritualités vivantes, Paris, 1984.

Autant que les similitudes, les différences méritent toutefois d'être relevées. Dans les *Dialogues*, ce n'est plus pour obéir à un rêve que Katrei se rend chez Eckhart, mais sur le conseil d'un Ami de Dieu. Ce n'est plus un *« laïc, homme de Dieu »*, mais une simple religieuse. S'inscrivant dans une même remise en cause, l'audace des *Dialogues* en apparaît d'autant plus frappante que ce soit ici Eckhart la victime, et la rebelle une simple *« fille »*.

Le chemin spirituel de Katrei

À travers ces *Dialogues*, c'est un chemin spirituel que cherche Katrei. Elle demande à son confesseur de lui *« indiquer le chemin le plus court pour parvenir au bonheur éternel »* (p. 33). Or, à la différence d'autres mystiques – Guillaume de Saint-Thierry dans *La Lettre d'or*, Jean de la Croix dans *La Montée du Carmel*... –, Eckhart n'a nulle part indiqué une voie à parcourir ou une suite d'étapes à franchir. Il n'est qu'un seul texte, le *Sermon de l'homme noble*, où il lui arrive de distinguer des degrés dans la vie spirituelle, encore que les étapes suggérées n'y aient d'autre valeur qu'indicative.

C'est pourquoi, on ne peut laisser de s'étonner de voir Eckhart, dans ces *Dialogues*, reprendre à son compte les trois voies de Denys l'Aréopagite. Bien plus surprenant encore qu'il s'arrête tant sur la première, la voie purgative – ici réduite à un exposé classique sur les péchés, les commandements et les sept dons de l'Esprit Saint. Le caractère apocryphe du texte est ici apparent, car à considérer l'ensemble de l'œuvre d'Eckhart, on aurait supposé qu'il s'attacherait aux deux autres voies – illuminative et unitive –, sur lesquelles ici il achoppe. Serait-ce une manière de faire ressortir ici l'influence de Denys sur sa pensée ?

Dans son long exposé sur la multiplication des pains, qui se superpose à celui d'Eckhart, l'Ami de Dieu semble fréquemment beaucoup plus perspicace. Certes, son exégèse allégorique des cinq pains et des deux poissons n'est pas nouvelle : on la trouve déjà chez les Pères, en particulier chez Jean Cassien qui en fait la structure même de son *Traité de l'Incarnation.*

Mais, en la reprenant ici, l'Ami de Dieu indique à travers les cinq pains différents éléments de la vie spirituelle : *« examiner ce que nous avons été en Dieu de toute éternité et ce que nous sommes en Lui à présent »*, *« examiner notre vie dans le temps »* (p. 31), puis considérer la miséricorde de Dieu, sa justice – on retrouve ici l'un des grands thèmes eckhartiens – et la vraie foi, qui est longuement étudiée. Quant aux deux poissons, ils renvoient respectivement à la volonté et à sa réalisation, qui amènent à la vie en Dieu.

Mais, en fait, c'est Katrei qui mène le débat, comme on le voit lorsqu'un renversement de perspectives s'opère à propos de la troisième voie. Elle se déclare insatisfaite des réponses apportées à sa question de départ : *« M'as-tu indiqué la voie la plus courte vers le bonheur éternel ? »* (p. 58), demande-t-elle, et, aussitôt, elle va elle-même proposer des orientations. Ainsi explique-t-elle que *« le Christ est l'homme le plus noble qui fut jamais »* (p. 60) et qu'on *« reconnaît les hommes à leur noblesse : plus ils sont nobles, plus ils sont tendres »* (*ibid.*).

En conséquence, elle se propose de suivre le Christ, d'être assimilée à sa mort en vue de l'être à sa résurrection, de vivre dans la mouvance de l'Esprit Saint, de *« s'abandonner à la puissante main de Dieu »* (p. 61), de vivre de l'Évangile. Mais lorsqu'elle exprime son plus profond désir, c'est en une formule typiquement eckartienne qu'elle demande à Dieu qu'*« en* (son) *âme il naisse à chaque instant »* (p. 65).

Passant, de la première à la seconde partie des *Dialogues,* du plan des idées à celui de l'expérience, elle vit cette expérience très forte de la divinisation. Elle connaît pendant trois jours une sorte de léthargie – trois jours qui font référence au séjour du Christ dans le tombeau. Au terme de cette épreuve, elle vit une résurrection qui la conduit à affimer, en une formule frappante : *« Je suis devenue Dieu »* (*ich bin Gott geworden*) (p. 92). *« Le ciel et la terre,* remarque-t-elle, *sont trop étroits pour moi »* (p. 91). *« Ce que j'ai vu, personne ne peut le mettre en mots »* (p. 94).

Partant de son expérience, elle propose une reprise thématique des cinq morts qui nous amènent *« dans le Père par le Fils »* (p. 96). Ainsi réinterprète-t-elle d'une certaine manière la vision du monde ramassé en un rayon de lumière que saint Benoît a eue à la fin de sa vie (p. 106). Elle évoque également sa vision intérieure de la création et de Dieu, ainsi que le passage de la création à la Déité. À certains moments, on a l'impression de lire un passage d'un sermon d'Eckhart. Lorsqu'elle dit : *« Je suis là où j'étais avant d'être créée »* (p. 108), on ne peut s'empêcher d'y entendre un écho du *Sermon* 52 du Thuringien.

Faut-il en conclure qu'il s'agit là du *« chemin sans chemin »* auquel Eckhart fait allusion pour désigner l'expérience spirituelle qu'il a connue à Strasbourg et qui l'a conduit à devenir un *Lebemeister* ? Sans doute l'était-il auparavant, comme en témoignent les *Discours du discernement*, mais il n'en demeure pas moins, qu'à Strasbourg, avec l'approfondissement de la mystique rhéno-flamande il a été amené à vivre un tournant spirituel.

Dans la troisième partie, ce renversement de perspectives est évoqué par le fait que le confesseur se met à l'école de Katrei. Cependant, l'enseignement proposé par Katrei sur l'enfer, le purgatoire et la résurrection ne se distingue pas par son originalité. Il est assez éloigné des grandes thèses eckhartiennes. C'est plutôt l'écho, plus ou moins bien assimilé, de l'enseignement de l'époque.

Bien plus significatif, en cette troisième partie, l'épisode de l'évanouissement d'Eckhart, par lequel il lui est donné de connaître une expérience analogue à celle vécue précédemment par Katrei. Bien que cette expérience soit moins longue, elle l'amène à dire : en Dieu, *« l'espace qui est donné à l'âme en partage est bien plus grand que le ciel et la terre et tout ce que Dieu a créé »* (p. 130). Il en conclut alors : *« Tu m'as montré le chemin de mon bonheur éternel. J'ai été enlevé dans une vision divine et, tout ce que j'avais entendu de ta bouche, il m'a été donné de le connaître en vérité »* (p. 132).

Comme les disciples lors de la Transfiguration, il voudrait en rester à cette vision. Mais Katrei lui fait comprendre que ce n'est pas possible : comme les anges, il lui faudra sans cesse monter et descendre, aller de la contemplation à l'action et revenir de l'action à la contemplarion.

Rédigés dans une langue simple et directe bien que d'un caractère parfois composite, ces *Dialogues* semblent avoir eu pour fonction de rendre accessible ce qui constitue l'essentiel de l'œuvre d'Eckhart : l'expérience de la naissance de Dieu dans l'âme et la possibilité de devenir par grâce ce que Dieu est par nature.

Par la beauté de leurs audaces et en dépit de simplifications excessives, ils constituent une merveilleuse parabole de l'œuvre d'Eckhart pour nous appeler aujourd'hui encore à chercher l'unique nécessaire, *« le chemin du bonheur éternel »*.

Marie-Anne Vannier

Telle était
sœur Catherine,
la fille
que Maître Eckhart
avait
à Strasbourg

Honneur et louange
au Nom
de notre Seigneur
Jésus Christ,
qui nous a montré l'Image
de la Vérité
qu'il est lui-même,
afin
qu'aucun de nous
ne se perde.

I

Premier discours :
la multiplication des pains

1

Les deux premiers pains

On lit dans les saints Évangiles que notre Seigneur a nourri une grande foule de cinq pains et de deux poissons grillés.

Le premier pain, nous devons le comprendre ainsi : il nous faut examiner ce que nous avons été en Dieu de toute éternité et ce que nous sommes en Lui à présent.

Quant au deuxième pain : il nous faut examiner notre vie dans le temps, de quelle manière nous l'avons passée tout entière.

Pour cela, nous avons besoin d'aide, c'est-à-dire d'un digne confesseur.

*

Ce confesseur, nous devons le juger à cela : possède-t-il en lui ce qui appartient à la Vérité ? Dans ce cas, nous pouvons vraiment nous fier à lui.

Nous devons l'examiner ensuite selon trois critères. Il faut d'abord qu'il soit un bon prêtre ; il faut qu'il ait été confirmé par une vie parfaite ; enfin, qu'il ait l'autorité que doit posséder normalement un bon confesseur.

*

Cherche-le[11] *partout où tu pourras le trouver et supporte patiemment la peine qu'il t'en coûtera.*

11. Du *nous* le texte passe au *tu.* Le locuteur s'adresse à une personne bien précise, celle-là même qui sera par la suite en conversation avec le confesseur choisi d'après ses conseils. Qui est-il pour donner de tels conseils ? Il n'est certainement pas un homme d'Église : il semble très méfiant dans le choix d'un confesseur et, durant tout le cours du texte, il semble exclu qu'il puissse jouer ce rôle par rapport à la personne qu'il oriente pourtant avec tant d'autorité. Il nous paraît qu'il s'agit plutôt d'un Ami de Dieu sage et expérimenté. Le schéma est celui que l'on trouve appliqué à Jean Tauler dans le *Meisterbuch* ou à Maître Eckhart dans les *Légendes* : le confesseur qui reconnaît son ignorance et se met à l'école d'un Ami de Dieu. Ici la disciple sert d'intermédiaire entre l'Ami de Dieu et le confesseur (Note du Traducteur, ainsi que toutes les suivantes).

Va vers lui, jette-toi à ses pieds avec ferveur, comme Marie Madeleine se jeta aux pieds de notre Seigneur Jésus Christ, et prie-le sincèrement qu'il veuille bien t'entendre au nom de Dieu.

Ouvre-lui alors ton cœur comme il apparaîtra à notre Seigneur Jésus Christ au jour du Jugement, lorsque toutes choses seront révélées à la Vérité.

Dépouille toute honte et reconnais que Dieu a vu et entendu tous tes péchés et que tous les hommes qui sont rentrés en Dieu dans le miroir de la Vérité connaissent tes défauts bien mieux que toi-même.

N'aie pas honte devant le confesseur, mais devant Dieu et devant tous les amis de Dieu. Acquiers la crainte de Dieu, et comprends que Dieu a vu de son regard divin toutes tes volontés, toutes tes paroles et tous tes actes.

Ouvre ton cœur, fais s'écouler hors de toi toutes tes souillures, et lorsque tu lui auras dit toutes tes fautes, prie-le avec recueillement : « Maître, mon père spirituel, au nom de l'amour qui a attaché le Christ à la croix, je te prie de m'indiquer le chemin le plus court pour parvenir au bonheur éternel. »

Le confesseur t'indiquera alors trois voies qu'il te faudra comprendre avec grand soin.

2

La première voie

Le confesseur te donnera une pénitence[12]. *Il t'enseignera à refaire ce que tu as mal fait. Il t'ordonnera de rendre ce que tu as mal acquis et de rétracter ce que tu as fait aux autres et n'aurais pas voulu qu'on te fasse à toi-même :*

« Ce que tu as toujours souhaité sans jamais l'accomplir, *te dira le confesseur*[13], que ce soit en parole, en volonté ou en acte, tu dois t'y appliquer avec résolution. Il faut que ta volonté soit telle que

12. Les trois voies qui ont été annoncées évoquent les trois voies classiques de la vie spirituelle que sont la voie purgative, la voie illuminative et la voie unitive. La première voie ici présentée, fondée sur la pénitence, serait de toute évidence selon cette classification la voie dite *« purgative »*.

13. L'Ami de Dieu parlait du confesseur à la troisième personne : *« Il te donnera... il t'enseignera... il t'ordonnera... »*. À présent l'Ami de Dieu cède la place : c'est le confesseur lui-même qui s'exprime. C'est pour le souligner que nous nous permettons d'ajouter cette incise.

tu souhaites plutôt souffrir mille morts que de vouloir ce qui fait du tort à ton frère en Christ.

« Ta volonté mauvaise, qui s'est transformée en œuvres vicieuses, tu dois la corriger par d'autres œuvres. »

*

« Là où tu as agi par *orgueil*, tu dois te conduire avec humilité afin que tous les hommes puissent constater que tu regrettes ton orgueil. Nous avons placé l'orgueil en premier, car il est dans le temps l'un des défauts les plus préjudiciables que je connaisse à notre bonheur éternel. L'orgueil erroné prive religieux et laïques de leur bonheur éternel. À présent, savez-vous[14] ce qu'est l'orgueil ? Tout ce que vous avez pu faire pour trouver votre propre plaisir ou celui d'autrui, voilà l'orgueil erroné. Par lui vous vous privez vous-même de votre vie éternelle.

14. Du *tu*, le texte passe ici à nouveau au *vous*, avant de revenir tout aussi abruptement à la deuxième personne du singulier pour évoquer le *« troisième défaut »* et les suivants, non sans de nombreux retours occasionnels au *vous* .

« Examinez ensuite votre *paresse* dans le service de Dieu. Tout ce que vous faites alors que vous auriez pu faire mieux, voilà la paresse dans le service de Dieu. C'est par elle que vous devez commencer. Vous devez pratiquer avec zèle les œuvres de vertu, afin qu'on puisse éprouver que vous regrettez ce qui vous porte préjudice dans l'éternité. Et vous devez vous tenir dans un tel détachement que vous ne vous préoccupiez jamais de personne que de Dieu.

« Tu examineras ensuite ton troisième défaut : là où tu as pratiqué la *cupidité*, tu agiras avec une telle douceur que l'on puisse éprouver que de tout ton cœur tu la regrettes. Savez-vous ce qu'est la cupidité ? On appelle mauvaise cupidité le fait de désirer quelque chose en quoi Dieu n'est pas.

« Le quatrième défaut est l'*envie* et la haine, lorsque tu as conçu de l'envie et de la haine pour un homme au point de lui faire ce que tu ne voudrais pas qu'il te fasse. Si par tes actes tu as porté préjudice à quelqu'un, tu dois le réparer avec amour et bonté. Si par tes paroles tu as porté atteinte à l'honneur de quelqu'un, tu dois les rétracter : tombe à genoux devant lui et prie-le humblement qu'il te pardonne au nom de Dieu, gémis et pleure si longtemps devant lui qu'il soit obligé par amour de te pardonner. Tu dois maintenir cela devant tous les hommes et tu dois parler de cet homme en si bons termes que tu lui regagnes autant d'honneur que tu lui en as pris. Sache-le bien ! Il faut qu'il en soit ainsi : si tu veux trouver grâce à nouveau auprès de Dieu, tu dois compenser tous les préjudices que tu as causés à ton prochain. Les paroles envieuses elles aussi font du tort, sache-le. Nous pouvons toujours donner des biens terrestres, mais l'honneur que nous prenons à l'homme, nous ne pouvons pas le compenser : cela nous est trop difficile. C'est pourquoi, chère âme[15], tu dois garder ta langue.

« Le cinquième tort est la *colère*. Examine, chère âme, tout ce que tu as pu faire par colère,

15. Dans l'original moyen haut allemand *« lieber mensche »* : littéralement, *« cher être humain »*. C'est la première fois dans le texte que la *« fille de Maître Eckhart »* est désignée autrement que par le *tu* ou le *vous*. On retrouve ce même terme deux lignes plus loin.

en parole ou en action : cela, il te faut le réparer par des paroles de douceur. Dans ta colère, tu as peut-être dit, sache-le, des mots qui feront de toi, si tu y persistes, un enfant de la mort éternelle. Tu peux dire à l'instant une parole qui sera colportée jusqu'à Rome, et de Rome au-delà des mers : comment pourras-tu la reprendre ? Sache-le, il faut qu'il en soit ainsi : il faut compenser pour l'amour de Dieu tout ce dont on est redevable. Certains demandent : *"Ce qui est vrai, il faut donc que je ne le dise pas ?"* Ils veulent proclamer les infirmités de leur prochain, mais ils oublient les leurs... Même si tu as vu et entendu les défauts de ton prochain, je te le déclare, tu ne dois pas les faire connaître. Si tu ne peux t'abstenir d'en parler, va chez lui en secret, quand il ne s'y trouve personne que toi et lui. Dis-lui ses fautes avec douceur, en parole comme en acte, comporte-toi vertueusement à son égard et prie-le avec bonté qu'il renonce à ce qui lui fait un tort éternel. S'il ne veut pas y renoncer, porte l'affaire devant ceux qui peuvent la régler et désormais sois-en quitte. N'en laisse plus rien venir sur tes lèvres, quel que soit le mal que t'ait pu faire cet homme. Si, dans ta colère, tu viens à évoquer son manquement, sache que tu commets alors un péché mortel. Tu le tires de son péché et t'y jettes toi-même... Comprends-le : l'homme qui est aujourd'hui pécheur peut devenir dès ce soir un homme de bien. C'est pourquoi nous devons oublier tous les péchés et les défauts de notre prochain. Nous devons regarder nos propres fautes et oublier tout ce que Dieu a oublié Lui-même, c'est-à-dire toutes celles dont on s'est entièrement repenti. Dieu les a oubliées : nous ne devons donc plus y penser.

« Le sixième défaut est l'*excès de nourriture* et de boisson. Lorsque tu manges de deux plats, ou de trois, et laisses ton prochain dans la faim et la soif, celui-là est plus proche de Dieu, et plus semblable à Dieu, que tu ne l'es toi-même. Car il est pauvre, et toi tu es riche selon le siècle. Il nous faut éprouver ici cette parole du Christ : "*Heureux les pauvres, car le royaume des cieux est à eux*" (Mt 5, 3). Ces défauts, tu dois les corriger si complètement que Dieu soit forcé de te les remettre.

« Le septième défaut est l'*intempérance*. C'est d'elle que parle un maître païen : "*Ce que nous faisons au-delà de ce qui nous est nécessaire, en parole ou en action, voilà ce qu'on appelle intempérance."* Lorsque le tavernier veut vendre son vin, il accroche un cercle de tonneau à son enseigne ; mais lorsque le vin est vendu, il le retire. C'est ainsi que doivent faire tous ceux qui veulent se corriger de ce défaut qui a nom intempérance. Ils doivent se dépouiller de tout ce qui est excès, en parole comme en acte ; ils doivent se comporter à l'égard de tous les hommes avec une humilité et un zèle si grands que tous puissent dire qu'en toutes choses ce qui est excessif est regrettable. »

*

« À présent, ma chère fille[16], examine si tu as observé chaque jour les dix commandements. Tu as entendu ce qu'a dit le Christ : *"Aimez votre Dieu de tout votre cœur, de toute votre âme et de toutes vos*

16. Dans l'original moyen haut allemand *« liebe tohter »* : chère fille, au sens de *« fille spirituelle »* ou *« pénitente »*. L'inscription liminaire prend ainsi tout son sens : *Telle était sœur Catherine, la fille que Maître Eckhart avait à Strasbourg.* Mais le nom propre de cette fille, Catherine, pas plus que le nom du confesseur, Eckhart, ne sera à aucun moment cité dans le texte.

forces" (Mt 22, 37), mais nous constatons que tu as souvent failli à ce commandement. En enfreignant ce seul commandement, tu les enfreins tous. Il faut que tu avoues ici à ton confesseur combien de fois tu les as enfreints depuis les jours de ton enfance.

« Si nous devions parler de l'ensemble des dix commandements, comme tu dois le faire auprès de ton confesseur, notre discours deviendrait trop long. Tu les éprouveras en toi-même bien mieux que nous ne pourrions te les montrer ici. »

*

« Examine maintenant les sept dons du Saint Esprit et vois comment, bien souvent, tu leur as résisté. Examine les sept œuvres de miséricorde : tu les as si peu mises en pratique que Dieu te le reprochera amèrement au Jour du Jugement.

« Et maintenant, ma chère fille, commence une vie nouvelle et améliore-toi en ta vie tout entière afin que Dieu soit contraint d'oublier tes fautes. »

3

La deuxième voie

Ceci est le premier conseil du digne confesseur, et la première voie. Mais il se pourra que tu dises :

« Maître, cette voie est-elle la plus courte ?

– Non, *répondra-t-il,* mais tout ce que je t'ai commandé doit par nécessité être fait.

– Maître, montre moi donc le chemin le plus court.

– Prie jusqu'à ce que tu possèdes dans ta vie ce que je t'ai conseillé. Prie jusqu'à ce que tu te sois dépouillé de tous tes défauts, et reviens vite me voir. »

La fille obéit et fit ce que son confesseur lui avait demandé. Elle retourna chez lui et lui dit :

« Maître, je veux faire tout ce que vous me commandez jusqu'à ma mort, afin que vous m'aidiez de vos conseils en cette vie et que je puisse ainsi mourir hardiment.

– T'es-tu dépouillée de tous tes défauts ?

– Oui, autant que je l'ai pu jusqu'à ce jour en cette vie, et je m'y efforcerai jusqu'à ma mort.

– Je vais donc à présent te montrer une voie nouvelle et te donner un nouveau conseil : *"Conserve une bouche véridique, un corps pur et une âme pleine d'amour."* »

*

« Cette voie et ce conseil, voici comme il te faut les comprendre.

« *"Une bouche véridique"*, c'est que l'homme ne dise rien par sa bouche qu'il ne pense dans son cœur. Ainsi, ma chère fille, tu ne dois dire que ce qui est véritable. Dieu est Vérité : que toutes tes paroles soient de Dieu. Même si tu ne peux jamais prier, même si tu ne peux tourner tes pensées vers Dieu, que tes paroles viennent de Dieu. Ainsi tu prendras en Dieu toutes tes volontés.

« *"Un corps pur"*, comprends-le ainsi : il te faut être pénétrée de la crainte de Dieu, de sorte que tu ne laisses rien habiter en toi qui ne soit Dieu.

« *"Une âme pleine d'amour"* : comprends par là qu'elle aime ce qui lui est semblable, c'est-à-dire Dieu. Il te faut donc t'unir à Lui si étroitement que tu en viennes toi-même à t'étonner que ton cœur ne se brise de cet excès d'amour. »

*

« Comme tout cela m'est encore étranger ! *soupira la femme.* Maître, pourrai-je le connaître un jour ?

– Oui, *répondit-il*, fais ce que je te dis : dépouille-toi de tout ce qui obscurcit ton âme, afin que puisse t'éclairer la lumière de la Vérité[17]. Alors ton âme pourra remonter le chemin au long duquel elle s'est écoulée. »

17. Cette deuxième voie, fondée sur la lumière divine, pourrait bien être, selon la classification évoquée plus haut, la voie dite *« illuminative »*.

4

Le troisième pain

Par le troisième pain, reprit l'Ami de Dieu[18], *nous devons comprendre la miséricorde de Dieu.*

Eh oui, ma chère fille, examine l'immense miséricorde que Dieu t'a montrée. Il t'a donné une volonté libre, par laquelle tu es tombée dans la mort éternelle. Il t'a rachetée au prix de Lui-même et lavée dans son propre sang, et Il t'a délivrée de tes fautes.

À présent examine un peu plus avant la miséricorde de Dieu, qui est encore disposé à te pardonner toutes tes

18. L'Ami de Dieu – ou celui que nous appelons ainsi – reprend ici le fil de son discours, qui avait été interrompu dès le début du premier chapitre par diverses réflexions sur l'utilité de se pourvoir d'un bon confesseur... Il s'adresse à la femme à la deuxième personne du singulier et, comme plus haut le confesseur, désigne son interlocutrice sous le nom de *« chère âme »*. C'est pour souligner le changement de personnage et faciliter la lecture que nous avons ajouté cette incise.

fautes aussi souvent que, dans ce temps-ci, tu chercheras sa grâce.

Sache-le : si nous voulions parler de la miséricorde de Dieu, le temps nous manquerait, même si nous devions vivre jusqu'au Jour du Jugement. Beaucoup de gens parlent de la Providence divine. Sache-le, Dieu nous a choisis pour le bonheur éternel. Il nous en a donné la preuve en nous donnant une volonté libre de sorte que nous puissions faire le meilleur et nous abstenir du mauvais.

*

Nous devons examiner ici si nous avons un sincère repentir pour toutes nos fautes. Voulez-vous savoir en quoi consiste un repentir sincère ?

Il doit être en toi si grand que tu préférerais mille morts plutôt que de continuer à pratiquer tes vices. Bien des hommes disent : « Je me repens sincèrement de mes fautes ». *Cependant ils y demeurent. Ils parlent faussement et aggravent leurs fautes.*

*

Toi, bonne âme, qui veux avoir part à la miséricorde divine et être baptisée dans l'Esprit Saint, tu dois avoir un triple repentir de tes fautes.

En premier lieu, de celles qu'en parole ou en action tu as commises contre ton Seigneur et ton Dieu.

En second lieu, tu dois te repentir de tout ce que tu as fait contre ton prochain. Si tu veux avoir part à la miséricorde divine, si tu veux que Dieu te pardonne tes fautes et te baptise dans sa grâce par l'Esprit Saint, tu dois, toi aussi, être volontiers miséricordieuse envers tout homme qui a été formé à l'image du Christ. Peu importe qu'ils soient coupables ou non envers toi : il faut qu'il en soit ainsi par nécessité si tu veux trouver grâce.

Le troisième repentir est de te prendre toi-même en pitié de tout ton cœur et de considérer les jours merveilleux que Dieu t'a donnés afin que tu puisses connaître un bonheur éternel. Il a formé, en effet, toutes les créatures pour qu'elles te guident vers ton plus grand bien : « Toutes les créatures, *dit saint Augustin,* me guident vers mon bien. C'est pourquoi mon cœur doit être plein de repentir. Si je dois arriver à toi, Seigneur, cela ne doit tenir qu'à ta miséricorde. Le temps que tu m'as donné s'en va, et tu restes inconnu et mal aimé de moi : c'est de quoi j'ai repentir. Cependant je crains, Seigneur, de n'avoir jamais un repentir aussi sincère que je le devrais. »

5

Le quatrième pain

Par le quatrième pain, il nous faut comprendre la justice de Dieu.

Tout autant qu'Il est miséricordieux, Il est essentiellement juste. Sache-le : si je devais vous exposer la justice de Dieu, bien des gens auraient peine à le supporter, et peu nombreux alors ceux qui oseraient solliciter sa grâce. C'est pourquoi nous montrons aux hommes la miséricorde de Dieu et les envoyons au Purgatoire, afin qu'au moins ils obtiennent grâce au jour du Jugement si cela ne peut être auparavant.

La justice divine, sachez-le, est par elle-même si sévère qu'il y a là de quoi effrayer tous les hommes. Le Christ le savait bien lorsqu'il disait à ses disciples : « Auriez-vous fait tout ce qui est en votre pouvoir, vous devriez dire encore : nous sommes des serviteurs inutiles » (Lc 17, 10). *Cela nous est attesté en saint Jean qui ne commit jamais de faute qui pût le séparer de*

Dieu et qui pourtant se comparait aux animaux sauvages des forêts. Assurément, il connaissait la vérité de Dieu.

Je dis plus encore : la justice de Dieu est si sévère qu'un homme eût-il accompli toutes les œuvres saintes qui appartiennent à la vie éternelle, s'il est convaincu d'un seul péché capital (le premier s'appelle orgueil de l'esprit ou du corps, le deuxième paresse dans le service divin, le troisième haine, le quatrième colère, le cinquième cupidité, le sixième excès de nourriture et de boisson, le septième intempérance – ce sont là les péchés capitaux), sachez-le, celui qui est trouvé dans un seul de ces péchés est perdu pour l'éternité.

Je dis que, si tous les saints qui sont au ciel priaient pour cet homme, cela ne lui servirait à rien.

Je dis plus encore : si le Christ tombait à genoux devant son Père, ainsi que Marie sa mère, cela ne servirait à rien, son âme ne pourrait être sauvée.

Je dirai même plus : j'aimerais mieux un homme qui aurait commis mille péchés capitaux et le reconnaîtrait, qu'un homme qui n'en aurait jamais commis qu'un seul et ne voudrait pas le reconnaître. Celui-ci est perdu.

Je dis plus encore : celui-ci eût-il pratiqué toutes les vertus que la sainte chrétienté a connues jamais, cela ne lui servirait à rien, il serait perdu avec les damnés. Et cet autre serait sauvé qui aurait commis mille péchés capitaux et le reconnaîtrait, s'il les regrettait d'un sincère repentir, avec la ferme volonté de ne plus jamais les commettre et le souci constant de réparer ses fautes jusqu'à sa mort. Sachez-le : un tel homme demeure avec les bienheureux.

Eh, oui, ma chère fille, observe à présent quels sont ceux qui de toute leur vie n'ont jamais commis de péché capital et qui pourraient dire, avec le jeune homme de l'Évangile : « J'ai observé toute ma vie les dix commandements » *(Mt 19, 20). Plût à Dieu que je connusse un homme qui pourrait dire seulement :* « J'ai observé le premier commandement toute ma vie » – *celui que le Christ a énoncé :* « Aime ton Dieu de toutes les forces de ton âme » – *et qui toute sa vie se serait gardé du péché qu'on appelle* orgueil de l'esprit *!*

6

Le cinquième pain

Par le cinquième pain, il nous faut comprendre la vraie foi : en Dieu nous devons avoir une foi sans partage. Celui qui croit d'une telle foi, met sa confiance en Dieu et Le connaît. C'est de cette manière qu'il L'aime.

Femme, prends garde que ta foi soit droite ! Car alors il te faut croire que Dieu peut toutes choses : « Celui qui a de la vraie foi aussi gros qu'un grain de sénevé, *disent les maîtres*, il peut déplacer les montagnes » (Lc 17, 6). *C'est pourquoi il nous faut nous appliquer à nous libérer de tout ce qui est corruptible, de tout ce qui nous obscurcit la Lumière dans laquelle nous devons voir la vraie foi, Lumière qui est Dieu même.*

Celui qui peut dire : « Je suis un vrai chrétien », *sache-le, celui-là doit vivre si constamment dans le Christ que le Christ soit son modèle et qu'il se dirige selon ses paroles et ses actes. Tout ce que le Christ a fait, sache-le bien, il l'a fait pour être notre Formateur à la vérité éternelle, car il est lui-même la Vérité qui peut te guider dans la vraie foi.*

Je te le dis : celui qui veut aller au Père, il doit le faire dans le Christ ; celui qui veut connaître le Père, il doit Le connaître dans le Christ. Le Christ nous l'a montré lorsque Philippe lui demande : « Fais-nous voir le Père – Qui me voit, *répond-il*, voit le Père et où est mon Père je suis aussi. » *C'est pourquoi nous devons toujours examiner si nous marchons bien à la suite de l'Aimé : nous devons le suivre si nous voulons que sans cesse il nous garde en lui.*

Bien des gens se demandent : « Comment pourrais-je agir comme le Christ a fait ? » *Le Christ nous l'a lui-même enseigné :* « Prenez votre croix, *dit-il,* et suivez-moi. » *Comprenez : il ne vous commande pas de souffrir la mort comme il l'a fait sur la croix. Il dit :* « Suivez-moi », *ce qui veut dire que nous devons marcher à sa suite par une vie parfaite.*

Ce qui nous fait défaut par rapport à la vie terrestre du Christ – ses paroles et ses actes –, ce que nous ne parvenons pas à suivre jusqu'à sa perfection, cela nous fera défaut dans l'éternité. C'est pourquoi il dit : « Il y a plusieurs demeures dans le royaume de mon Père » (Jn 14, 2).

Bien des hommes, sache-le, arriveront au ciel qui ne jouiront pas plus de la face de Dieu qu'on ne voit la lumière du soleil dans une sombre forêt. Oui, chère amie, examine la parole que dit le Christ à sa mère lorsqu'elle le pria pour ses fils : « Celui qui boira de ce calice, qui m'est réservé, recevra avec moi en héritage le royaume de mon Père. »

Il te faut donc examiner ceci : la mesure que nous nous appliquons à nous-mêmes, c'est celle-là que le Père éternel nous appliquera dans son royaume éternel. Sur ce point saint Augustin a cette parole : « Tout ce que nous avons ici-bas connu et aimé, nous en jouirons éternellement. »

Les maîtres parlent de l'enfer. Je vous dirai volontiers ce que c'est que l'enfer : ce n'est rien d'autre qu'une essence. Ce qu'est ici-bas votre essence, elle le demeurera pour l'éternité.

L'enfer, c'est cela. C'est cela qu'il vous faut comprendre. Le brigand qui s'est défendu et que l'on jette en prison, quel tourment pour lui de voir les autres hommes dans la joie ! Sa souffrance en est d'autant plus grande. C'est ce qui arrive à ceux qui sont en enfer et qui voient Dieu et ses amis : il n'est pas, assurent les maîtres, de plus grande peine que celle-là.

7

La troisième voie

L'excellente fille spirituelle dont nous avons parlé précédemment comprend cela et se rend chez son digne confesseur[19]*:*

« Seigneur, *lui dit-elle*, indiquez-moi la voie la plus courte pour atteindre le bonheur éternel.

– Ma fille, *répond-il*, laisse-toi contenter.

– Rien ne pourra me contenter, *continua-t-elle*, tant que je serai dans l'incertitude de mon bonheur éternel.

– Ma fille, tu es assurée de ton bonheur éternel. »

*

19. Touchée par le discours de l'Ami de Dieu, la femme se rend sans attendre chez son confesseur pour lui faire grief de ne pas lui avoir indiqué la voie la plus courte, celle-là même à laquelle vient de se référer l'Ami de Dieu.

« Maître, *lui demanda-t-elle*, m'as-tu indiqué la voie la plus courte vers mon bonheur éternel ?

– Toutes les créatures te l'indiquent, *répondit-il.* Toutes te disent : *"Passe ton chemin, nous ne sommes pas Dieu."* Ma fille, cet enseignement-là doit te suffire.

– Maître, *insista-t-elle*, il ne me suffit pas. »

*

« Si tu ne veux pas me croire, crois-en au moins les paroles de notre Seigneur Jésus Christ : *"Prenez votre croix*, dit-il, *et suivez-moi !"* Il ne dit pas : *"Prenez* ma *croix et suivez-moi."* C'est cela qu'il te faut comprendre : si tu fais ce que tu peux, tu dois t'en contenter. Dieu, pour sa part, s'en contente, sois en sûre.

– Ai-je fait vraiment ce que je peux ?

– Que veux-tu faire ?

– Je veux laisser honneur et biens, amis et parents, et toute consolation extérieure qui peut me venir des créatures.

– Veux-tu me laisser moi aussi ?

– Oui, maître. S'il me faut laisser toutes choses, il me faut vous laisser vous aussi. »

*

« Ne te lance pas dans cette entreprise. Cela n'est pas donné aux femmes.

– Je le sais bien, *répondit-elle* : aucune femme ne peut entrer au ciel à moins de devenir un homme. Mais voici comme il vous faut l'entendre : les femmes doivent faire œuvre d'homme et avoir un cœur d'homme dans toute sa puissance afin de résister aux choses périssables et à elles-mêmes.

– Tu t'estimes donc bien forte ! Je voudrais bien voir comment tu pourrais souffrir davantage que tu ne l'as fait jusqu'ici.

– Maître, je peux souffrir tout ce que le Christ a souffert à cause de moi.

– Ce ne sont que des mots !

– Je dis la vérité.

– Comment veux-tu m'en convaincre ?

– Très facilement. J'ai entendu dire que, dans toutes les souffrances que le Christ a connues, jamais sa nature divine n'est venue suppléer sa nature humaine.

– C'est vrai. La nature divine n'est pas sujette à la souffrance. Rien ne peut et ne doit jamais la faire souffrir, car rien ne peut la toucher. »

*

– Tout ce que le Christ a souffert, *reprit-elle,* je peux bien le souffrir moi aussi.

– Explique-moi cela.

– Je vais le faire. Je sais parfaitement que le Christ est l'homme le plus noble qui fut jamais. Il était de la lignée de soixante-douze princes. Je dirai plus : il était du sang le plus noble que pût produire le cœur de Marie. Or je peux aisément souffrir tout ce que le Christ a souffert à cause de moi, et voyez comme je le prouve. On reconnaît les hommes à leur noblesse : plus ils sont nobles, plus ils sont tendres. Je prouve par là que je peux souffrir mieux que le Christ. S'il fallait que je vous dise tout ce que je sais du noble commencement de sa vie temporelle, dans une authentique et volontaire pauvreté, croyez-moi, mon cœur se briserait ! »

*

« J'ai beaucoup réfléchi, *dit-elle.* Sachez-le : chaque jour que je vivrai encore, je veux suivre le conseil de l'Esprit Saint.

– Comment l'Esprit Saint te conseille-t-il ?

– Il me conseille de m'abandonner à la puissante main de Dieu et de me dépouiller de tout ce qui vient des créatures.

– C'est le mal que tu veux !

– En quoi cela ?

– Tu ne veux pas suivre les conseils. L'obéissance est une vertu, ne l'oublie pas.

– Je veux être obéissante jusqu'à ma mort !

– Obéissante à qui ?

– Au Christ, au Père céleste à qui Jean fut obéissant dans le désert, ainsi que Marie Madeleine, Marie l'Égyptienne et Marie Salomé.

*

« J'ai l'impression, *dit-il*, que tu ne veux plus suivre mes conseils...

– C'est vrai. Mon cœur a grand regret d'avoir trop longtemps suivi les conseils des hommes et résisté à ceux de l'Esprit Saint.

– Ma fille, écoute-moi. Quel tort penses-tu que je t'aie fait ?

– Vous avez fait obstacle à mon bonheur éternel.

– En quoi cela ?

– Vous ne m'avez pas indiqué la voie pour moi la plus courte.

– Il faut se remettre de cela à l'Esprit Saint. Pour ma part, je n'avais pas à te conseiller autrement que je ne l'ai fait.

*

« Si vous ne m'aviez pas retenu, *renchérit-elle*, vous et d'autres hommes de religion, j'aurais mené ma vie plus vertueusement que je ne l'ai fait. Tout ce qu'enseignent les hommes de religion, je m'imaginais que c'était l'Évangile...

– L'Évangile est fait, selon l'Esprit Saint, de la vie parfaite de notre Seigneur Jésus Christ et de ses nobles paroles. Nous le lisons et le prêchons publiquement : celui qui veut le suivre, à lui de le suivre jusqu'au bout !

– Que Dieu ait pitié de moi de ne l'avoir pas fait tous les jours de ma vie !

– Je suis désolé que tu puisses m'accuser de t'avoir fait obstacle.

– Oui, je vous accuse, vous et toutes les créatures !

– En cela tu as tort. Nul ne peut te faire obstacle que toi-même. Sache-le : nul ne peut s'opposer à celui qui est touché par Dieu, car tous les saints du ciel prennent soin de lui. Tous les prêcheurs, tous les déchaussés de la terre ne pourraient s'opposer à celui qui est touché par la Vérité. Il est poussé par la parole que rétorqua le Christ à ce jeune homme qui désirait mener une vie parfaite : *"Observe les dix commandements ! – Je les ai observés toute ma* vie, répondit le jeune homme. – *Si tu veux devenir parfait, vends tout ce que tu as, donne-le aux pauvres et suis-moi !"* (Mt 19, 21). Le Christ nous a montré également cette vérité à travers Pierre et ses autres disciples qu'il a appelés à embrasser avec lui une pauvreté volontaire. Ma fille, sois-en sûre : ce que le Christ a accompli en actes et en paroles doit être vrai, car il est lui-même la Vérité. Celui qui veut aller au Père doit suivre le Christ et les traces de ses pas jusqu'au bout.

– Eh bien, cher Père, pourquoi alors me le déconseillez-vous si fort ?

– C'est que cette vie est hérissée de tant d'épines ! Celui qui la veut mener a grand besoin de l'aide de Dieu.

– Je sais bien que Dieu se réserve encore : celui qui s'abandonne à Lui, Il le soutient dans toutes les épreuves.

– Comment feras-tu pour être méprisé de toutes les créatures ?

– Voici ce que je désire : devenir la plus infime de toutes les créatures en notre Seigneur Jésus Christ, afin de pouvoir dire avec Paul : *"Je me réjouis que toutes les créatures ne soient une croix et d'être une croix à toutes les créatures."*

– Ma fille, tu es trop jeune pour cela !

– Marie Madeleine était plus jeune que moi lorsqu'elle se retira dans le désert, au milieu des brigands et des assassins.

– Dieu était avec elle…

– Et moi je sais que Dieu est avec moi[20] !

– Mais il était présent avec elle en personne...

– Il est avec moi en esprit sans relâche !

20. Cette troisième voie, la plus courte, s'apparente à ce que la classification évoquée ci-dessus désigne sous le nom de *« voie unitive »*. Les reproches que la femme adresse à son confesseur qui ne lui a enseigné que la pénitence (assimilée à la voie purgative) et le savoir (assimilé à la voie illuminative) semblent effectivement aller dans ce sens.

– Marie Madeleine trouvait en sa présence un grand soutien. Toi, chère fille, tu ne l'as pas.

– Puisqu'il me faut être privée de tout réconfort, je veux être privée aussi de sa personne. Mon désir est qu'en mon âme il naisse à chaque instant.

*

« Réfléchis encore, *lui conseilla-t-il*, avant de te lancer dans cette entreprise.

– Taisez-vous, *s'exclama-t-elle*, épargnez-moi vos paroles ! C'est en me tenant de tels discours que vous m'avez fait obstacle.

– Si tu avais été touchée par la Vérité, sois-en sûre, je n'aurais en rien pu t'empêcher ni te pousser. Tu le vois bien, je ne suis qu'une créature : tant qu'une créature peut te donner ou te prendre quelque chose, tu ne vis pas encore de la Vérité. La Vérité porte en elle tant de vertus qu'elle conduit les hommes au plus haut point sans l'aide d'aucune créature. Tu n'as pas à m'en faire grief : celui qui est touché par la Vérité, sache-le, l'Esprit Saint est son maître. Il enseigne celui qui veut le suivre à l'école la plus haute qui fut jamais fondée. L'homme y apprend en un instant plus que tous les maîtres ne pourraient lui exprimer en mots.

– Vous dites vrai. »

8

Deuxième caractère de la vraie foi

Le deuxième terme qui caractérise la foi, c'est que nous devons avoir confiance en Dieu.

Celui qui dit qu'il a confiance en Dieu ne doit pas même, le soir, garder aussi peu qu'un pfennig. Je dirai même plus : il ne doit rien garder du tout. Et même plus encore : celui qui garde aussi peu qu'un pfennig de biens terrestres alors même que son prochain est dans le besoin, celui-là est un voleur devant Dieu.

Je vous en donnerai la preuve par le Christ, qui, par amour, a tant souffert des hommes alors que cet homme, formé à l'image du Christ, tu le laisses dans le besoin. Par le Christ encore, par la volonté de qui Dieu a créé toutes choses, et tu fais insulte à sa nature et tu le prives du bien de son Père, qu'il doit rendre à Dieu.

Je dirai plus : l'homme qui se réserve si peu qu'un pfennig pour les jours où il sera dans la nécessité, en se disant : "J'en aurai besoin plus tard", *celui-là est un criminel devant Dieu.*

Cela aussi, je vous en donnerai la preuve : si cet homme avait confiance en Dieu, il s'abandonnerait à Lui. Puisque Dieu, demain, lui donnera un nouveau jour, Il lui donnera aussi ce qu'il a besoin d'avoir ou de savoir.

C'est pourquoi je dis qu'il est peu d'hommes qui aient une foi droite et une parfaite confiance en Dieu.

Sachez-le : celui qui accumule des biens terrestres pour servir à sa propre puissance, alors qu'ils doivent lui servir à connaître et à aimer Dieu, on peut à juste titre l'appeler un criminel.

Cela, j'en donnerai la preuve par le Christ : "Lorsque je serai élevé, *disait-il*, j'élèverai toutes choses à moi." *C'est ainsi que l'homme de bien doit rapporter toutes choses à Dieu comme à leur source première.*

Les maîtres nous assurent que toutes les créatures sont faites pour l'homme. Et vous le constatez en toutes les créatures : chacune est utile à l'autre. L'herbe au bœuf, l'eau au poisson, l'air à l'oiseau, la forêt à la bête sauvage. C'est ainsi que toutes les créatures sont utiles à l'homme de bien : il les attire à Dieu l'une par l'autre. S'il se trouvait un homme qui eût en Dieu pleine confiance, Dieu lui ferait plus de bien que lui-même jamais ne le pourrait.

9

Autres caractères de la vraie foi

Le troisième élément qui caractérise la foi, comprenons-le à présent, c'est la connaissance de Dieu. Je dis que personne ne peut connaître Dieu s'il ne se connaît d'abord soi-même. Observez donc comment vous devez vous connaître vous-mêmes.

L'homme qui veut se connaître lui-même, doit à tout moment avoir une vue intérieure sur lui-même[21]*. Il doit retirer en son âme toutes ses puissances extérieures et les dompter par de durs exercices jusqu'à ce qu'elles obéissent aux puissances supérieures. Ces exercices, il lui faut les pratiquer jusqu'à disposer en lui d'un point de conscience si pure qu'il ne s'y puisse rien former qui soit moins que Dieu. Alors tu apprendras à te connaître et à connaître Dieu.*

21. En moyen haut allemand « *Ein însehen haben in sich selber* » : littéralement, avoir un regard intérieur en soi-même.

Le quatrième caractère de la foi, c'est l'amour. Celui qui peut dire : "Seigneur, je t'aime !", *il lui faut souffrir toutes choses sans pourquoi, seulement parce que le Christ lui-même a souffert. Il lui faut les souffrir joyeusement, sans souffrir*[22].

« Si Dieu disait un jour à cet homme, bouche contre bouche : *"Tu seras damné éternellement avec les damnés !"*, il lui faudrait aimer Dieu d'autant plus et il lui dirait alors : *"Seigneur, puisque tu veux que je sois damné, moi aussi je veux être damné éternellement."*

« C'est ainsi que l'homme doit unir sa volonté à celle de Dieu au point de vouloir tout ce que Dieu veut sur la terre et au ciel. Et encore doit-il s'en considérer cependant comme indigne. Cet homme-là peut dire alors : *"Seigneur, je t'aime."*

« Nous avons à présent établi ce qu'est la foi. Celui qui met en œuvre dans sa vie les éléments dont nous venons de parler, celui-là peut dire : *"Je crois en Dieu."* »

22. En moyen haut allemand *« unde sol ez lîden vrôlîche sunder lîden »*. Nous gardons le caractère résolument paradoxal du texte original.

10

Les deux poissons grillés

Quant aux deux poissons grillés, voici comment nous devons les comprendre.

Le premier est la volonté, le second la réalisation.

Tu dois pousser les exercices si profondément en toi que ta nature meure tout entière jusqu'au plus profond d'elle-même : la moelle dans tes os, le sang dans tes veines et tout ce qui participe à la force naturelle. De sorte que, si même tu voulais commettre des fautes, tu en sois incapable.

Les maîtres se posent la question de savoir si l'homme peut atteindre à un état où il ne puisse plus pécher dans son corps. « Oui », *répondent les meilleurs d'entre eux. Voici comme il vous faut l'entendre : ces hommes ont poussé si loin les exercices intérieurs et extérieurs qu'ils ne peuvent plus être enclins à aucun vice. »*

*

Par le second poisson, il nous faut comprendre la mise en œuvre de toutes les vertus, de sorte que, les ayant réalisées en nous, nous n'en ayons plus même conscience, mais qu'elles soient devenues notre propre être et que notre connaissance et notre amour soient au-delà de toute vertu. L'homme qui est arrivé à ce point resplendit d'une pure lumière.

Les maîtres parlent de quatre sortes de lumières.

La première est naturelle : elle éclaire l'homme naturel, qui a beaucoup d'habileté dans les choses temporelles. Il en reçoit plus de dommage que de fruit.

La deuxième est la lumière de la grâce. En l'homme qu'elle éclaire, la lumière naturelle se dissipe aussitôt. Elle éclaire le chemin de sa conduite de sorte que, s'il veut bien la suivre au plus près, il demeure en permanence dans la grâce.

La troisième lumière éclaire ces anges parmi les hommes qui se tiennent toujours dans leur innocence première. L'homme qui reçoit de Dieu toutes choses aussi bien que les anges, il faut qu'il soit dégagé de toutes choses terrestres, de toutes créatures, aussi nu que lorsqu'il jaillit du sein de Dieu.

Or l'homme peut ce que les anges ne peuvent pas : par cette lumière il peut aller au delà de tous les anges, là où il reçoit toutes choses à la Source même de la divine Vérité.

Alors lui est donné la lumière de Dieu, cette quatrième lumière dont jamais nous ne parlons. Je la garderai pour moi.

11

Les trois dettes envers Dieu

La fille se rend alors chez son vénérable confesseur[23] : « Maître, *lui dit-elle*, je ne sais s'il est encore nécessaire de me donner vos conseils.

– Comment cela ? *demande-t-il.*

– Je n'ai encore commencé à pratiquer aucune vertu. Et je ne sais si j'en réaliserai jamais aucune dans sa plus haute noblesse, comme pourtant je le devrais.

– Contente-toi de faire ce que tu peux.

– Jamais je n'ai fait vraiment ce que je pouvais, et je sais bien que je suis redevable envers Dieu de trois façons. Ma première dette envers Lui est de me corriger de mes défauts.

– Nul ne peut se corriger de ses défauts si Dieu, par amour, ne les lui pardonne.

23. Cette fois encore, frappée par le discours de l'Ami de Dieu, la femme se rend chez son confesseur pour lui dire son mécontentement.

– Oui, je le sais bien. Mais il me faut faire au moins tout mon possible et, dans l'attente de la grâce, continuer à me corriger jusqu'à ma mort. »

*

« Ta deuxième dette envers Dieu, *interrogea le confesseur*, quelle est-elle ?

– J'aimerais être dans les joies de notre Seigneur. Mais jamais je n'ai vécu comme j'aurais dû pour cela, et je sais fort bien que, celui qui veut y parvenir, il lui faut vivre en notre Seigneur Jésus Christ.

– Tu as raison. Dis-moi à présent quelle est ta troisième dette.

– N'y eût-il ni enfer ni ciel, je dois suivre l'Amoureux qui marche devant moi sur le chemin du véritable Amour, et le suivre jusqu'au bout, sans demander pourquoi. Cette dette, je la reconnais aisément, mais pour autant je ne me corrige pas comme je le devrais. »

*

« Que veux-tu faire de plus ? *s'écria-t-il.* Tu as abandonné les honneurs et les biens, tes parents, et tes amis, et et toutes les consolations que tu pouvais attendre des créatures...

– Maître, *lui répondit-elle*, en paroles vous avez raison. Mais, si même j'avais possédé tout ce que Dieu a créé et l'avais abandonné pour Lui, je n'aurais rien abandonné. Car rien de cela n'était à moi : tout était à Dieu. Tout ce qu'on appelle *bien* appartient à Dieu : c'est pourquoi je sais bien que je n'ai pas encore abandonné tout ce que je dois abandonner.

– Que dois-tu donc abandonner ?

– Moi-même. Quand je me serai abandonnée en toutes les choses où je me retrouve, je pourrai dire alors que je me suis abandonnée.

– Tu as raison. Mais, tendre comme tu es, je me demande comment tu pourras souffrir toutes les insultes que tu auras à affronter...

– Ma foi, pour ma part, je ne les ressens pas.

– Est-ce que cela ne touche pas que, par ta faute, tes amis en religion ou dans le monde se désolent, voyant que tu fais toutes choses de travers ?

– Qu'est-ce que cela peut me faire ? Lorsque le Christ était assis dans le Temple, il savait bien, j'imagine, que sa mère et Joseph le cherchaient et qu'ils étaient inquiets. *"Ton père et ta mère te cherchent"*, lui dirent les docteurs. Mais le Christ leur répondit : *"Celui qui me fait du bien, il est mon père et ma mère, il est mon frère et ma sœur."* »

*

« Tu dis vrai, *reprit le confesseur.* Je t'en prie cependant : ne refuse pas ce qui t'est absolument nécessaire lorsqu'on voudra te le donner pour l'amour de Dieu.

– Expliquez-moi ce que veut dire *"absolument nécessaire"*.

– Tu veux savoir ce que signifie *"absolument nécessaire"* ?

– Oui.

– L'eau, le pain, un vêtement : voilà ce qui est absolument nécessaire pour le corps.

– Dites-moi alors ce qui est simplemenr *"nécessaire"*.

– C'est de devenir en Christ, qui seul est vivant, la créature la plus méprisée.

– Parfait, que Dieu vous récompense et priez pour moi ! Que Dieu permette à toutes créatures de me juger comme ce qu'il y a de plus bas et que les hommes puissent tous me persécuter à volonté.

– Cela t'arrivera bien assez si tu suis la voie que tu t'es fixée !

– Un saint a dit : *"Si Dieu connaissait un homme prêt à souffrir tout ce que tous les hommes ont souffert, il le lui donnerait volontiers afin que ses mérites en soient d'autant plus grands dans l'éternité."* Dieu agit ainsi par pur amour à l'égard de tous ceux qu'il veut appeler à Lui. Un maître dit que personne n'est digne de souffrir que celui qui le désire de tout son cœur. »

*

« Ma fille, *dit le confesseur*, tu as raison. Reste dans ce pays, je t'en prie, et pratique les exercices que tu veux.

– Non, *répondit-elle*, je ne le veux pas. Je veux faire ce que j'ai à faire. Je veux aller vivre en exil, dans tous les lieux où je serais persécutée. J'ai reçu de Dieu bien plus, soyez-en sûr, dans la plus misérable insulte que dans toutes les douceurs que m'ont prodiguées les créatures.

– De cela, je ne te blâme pas, car c'est la vérité. Le Christ nous l'a confirmé par la parole qu'il a dite à ses disciples : *"Allez en tous les lieux où vous serez méprisés."*

– À présent, que Dieu vous bénisse ! Soyez mon messager entre Dieu et moi.

– Où que tu me trouves, viens me voir !

– Je le ferai volontiers. »

II

Deuxième discours
« Ils sont morts »

1

Début du discours

« Ils sont morts », *dit saint Paul en parlant des saints martyrs et des amis de notre Seigneur. Et par là il nous faut entendre que nous devons, nous aussi, être morts.*

Celui qui n'est pas mort jusqu'au fond de lui-même, je l'affirme, celui-là ne peut connaître la plus humble des révélations que Dieu a faites à ses amis bien-aimés. Tant que tu te rappelles qui est ton père et ta mère dans le temps, sois-en sûre, tu n'es pas morte de la vraie mort[14].

Je dirai plus : tant que tu es affectée qu'on ne veuille pas entendre ta confession ou te donner le corps de Dieu, tant que tu te désoles que personne ne veuille te donner l'hospitalité ou que tous les hommes te méprisent, sache-le : aussi longtemps que tu remarques en toi que tout ceci est capable de t'affecter, tu es étrangère à la mort véritable.

Lorsque tu ne te rappelleras plus de quels parents tu es venue au monde, lorsque tu auras oublié tout ce que tu as fait d'honorable et tout ce qui t'est arrivé ici-bas au point de ne pouvoir plus même l'imaginer et de ne plus discerner en toi que la pure ascension de ton âme – alors oui, sois-en sûre, tu pourras dire que tu es complètement morte.

Celui qui est ainsi mort, *sache-le, demeure dans une telle égalité d'âme à l'égard de toutes choses que rien ne peut plus le toucher. C'est d'eux que parle saint Jean :* « Heureux, *dit-il*, ceux qui meurent en Dieu ».

*

À présent, considérez, chers amis, comme il est bon de mourir en Dieu. Nous pouvons mourir joyeusement puisque Dieu vit en nous et opère en nous toute son œuvre et puisque nous sommes vides de toute opération. S'il nous faut mourir, sachez-le, c'est d'une douce mort.

Certains parlent de la vie des saints et de leurs souffrances : celui qui voudrait dire tout ce qu'ont souffert les amis de notre Seigneur, il n'aurait pas assez d'une vie. Quant à moi je dis : ils n'ont pas souffert. Il leur suffi-

sait de se souvenir aussi peu que ce soit d'être à Dieu pour oublier toute leur souffrance.

Cela peut se produire alors même que l'âme est encore dans le corps. Je dirai plus : alors même que l'âme est dans le corps, l'homme peut en venir à oublier toutes ses peines au point de ne plus jamais s'en ressouvenir.

Je dirai mieux encore : celui qui ne souffre pas par amour, la souffrance lui pèse, la souffrance lui est vraiment souffrance. *Mais celui qui souffre par amour, sa souffrance porte des fruits devant Dieu et il ne* souffre *pas.*

C'est pourquoi, chers amis, il nous est agréable de mourir en Dieu afin qu'en toutes choses nous soyons exempts de souffrances. Sachez-le : celui qui a trouvé cela, il est entièrement mort.

Afin que nous puissions mourir ainsi en Dieu, que le Père, le Fils et l'Esprit Saint nous viennent en aide. Amen.

2

Révélations de sœur Catherine

La fille dont nous avons parlé vient alors chez son confesseur[24] *:*

« Maître, *lui dit-elle*, pour l'amour de Dieu, écoutez-moi !

– D'où viens-tu ? *lui demande-t-il.*

– De pays lointains.

– De quel pays es-tu ?

– Maître, ne me reconnaissez-vous donc pas ?

– Ma foi non !

– C'est pour moi un signe que vous ne vous êtes jamais connu vous-même.

– Tu dis vrai. Je sais bien que, si je me connaissais moi-même aussi précisément que je le dois, je connaîtrais toutes les créatures à la perfection.

24. Une nouvelle fois, la femme est incitée par ce qu'elle entend de l'Ami de Dieu à se rendre chez son malheureux confesseur, qui semble éprouver de plus en plus de difficulté à la comprendre et à la satisfaire.

– C’est vrai. Mais, Maître, laissons là ce discours. Pour l’amour de Dieu, écoutez-moi !

– Volontiers. Eh bien, parle. »

*

La fille fait sa confession à son vénérable confesseur comme il est maintenant en elle de le faire afin de réjouir son âme.

« Chère fille, *lui dit-il*, reviens vite me voir !

– Si Dieu en dispose ainsi, j’en serai heureuse. »

Le confesseur va voir ses frères :

« J’ai entendu un être, *dit-il* : je ne sais si c’est un homme ou un ange[25]. Si c’est un homme, sachez que toutes les puissances de son âme habitent au ciel auprès des anges et que son âme

25. Ce passage est très proche de la première légende d’Eckhart intitulée *La fille de Maître Eckhart.* Cette dernière lui déclare : *« Je ne suis ni une enfant, ni une femme, ni un homme. Je ne suis pas une épouse, pas une veuve, et pas non plus une vierge. Et je ne suis ni seigneur, ni servante, ni valet. » Après avoir reçu ses explications,* Maître Eckhart déclare avec admiration à ses frères : *« Vraiment, il me semble que je viens d’entendre l’être le plus pur de tous ceux qu’il m’est arrivé de rencontrer jamais ! »* (*Les Légendes de Maître Eckhart*, Arfuyen, 2001).

a reçu une nature d'ange. Sa connaissance et son amour sont au delà de tout ce que j'ai entendu dire jamais d'aucun homme.

– Dieu soit loué ! », *répondent les frères.*

*

Le confesseur va chercher la fille là où il sait qu'elle se trouve, à la chapelle. Il la prie instamment de bien vouloir lui parler : « Ne me reconnaissez-vous toujours pas ? *lui demande-t-elle.*

– Ma foi, non.

– Par amour, je vous le dirai donc. Je suis le pauvre être que vous avez mené à Dieu. »

Elle lui révèle alors qui elle est : « Ah, pauvre homme que je suis, *soupire-t-il,* comment puis-je m'attirer tant de honte aux yeux de Dieu d'avoir si longtemps porté l'habit religieux et si peu compris des mystères de Dieu ! Je t'en prie, ma chère fille, par l'amour que tu as pour Dieu, expose-moi ta vie et tes pratiques depuis la dernière fois que je t'ai vue.

– Il y aurait beaucoup à dire, *répond-elle.*

– Ce ne pourra jamais être trop. Je t'écoute

bien volontiers. J'ai entendu de toi déjà, sache-le, bien des merveilles ! »

*

La fille commence alors à parler au confesseur : « Tant que je vivrai, il faut que vous gardiez pour vous ce que je vais vous dire.

– Je te donne ma foi que, tant que tu vivras, jamais je ne trahirai ta confession. »

Elle s'ouvre à lui et lui dit tant de merveilles qu'il s'étonne qu'un être humain ait pu jamais en souffrir en si grand nombre.

« Maître, *lui dit-elle,* il me manque encore quelque chose. J'ai trouvé en rentrant en moi-même que je suis passée par tout ce que mon âme avait désiré, à l'exception d'une chose pourtant : ma foi n'a pas encore été mise à l'épreuve.

– Dieu soit loué de t'avoir créée ! Il faut maintenant que tu te laisses contenter.

– Non, jamais, tant que mon âme n'aura sa demeure dans les lieux de l'éternité !

– Si mon âme avait connu pareil essor que la tienne, j'en ferais pourtant bien mon affaire !

– Mon âme prend son essor par delà tous les obstacles. Mais elle n'a pas de ferme demeure. Sachez-le : il ne me suffit pas de vouloir ! Ah, puissé-je seulement savoir ce qu'il me faut faire pour être établie constamment aux séjours de l'éternité !

– En as-tu un si grand désir ?

– Oui.

– Si tu veux être confirmée, c'est de lui qu'il faut te dépouiller !

– Je le ferai bien volontiers. »

*

La fille s'établit dans un profond dépouillement. Dieu l'attire alors dans une lumière divine au point qu'elle s'imagine être devenue une avec Dieu.

Aussi longtemps que cela dure, elle est accablée d'une telle abondance de révélations divines que, revenue à elle-même, elle s'exclame : « Désormais, je le sais bien, personne ne pourra plus me donner de conseil ! »

3

« Je suis devenue Dieu »

Peu de temps après, le confesseur rend visite à la fille : « Dis-moi, *l'interroge-t-il*, comment vas-tu à présent ?

– Mal, *répond-elle*. Le ciel et la terre sont trop étroits pour moi. »

Il la prie de lui dire quelque chose : « Je ne sais rien d'assez facile pour pouvoir l'exprimer.

– Fais-le pour l'amour de Dieu... Dis-moi une parole ! »

À force d'insiter avec amour, il obtient qu'elle parle. Elle lui tient alors des propos si merveilleux et si profonds sur la pure vision de la Vérité divine qu'il s'exclame : « Ces choses-là, sois-en certaine, sont inconnues de tous les hommes ! Si je n'étais prêtre et n'avais étudié les sciences divines, moi-même, elles me seraient étrangères !

– C’est cela que je vous reproche ! J’aimerais que vous les ayez découvertes par votre propre expérience !

– J’ai tant étudié que je connais tout cela aussi distinctement, tu peux en être sûre, que je me rappelle la messe que j’ai dite ce matin ! Pourtant il est vrai que j’ai grand regret de ne pas posséder ces choses par l’expérience de ma vie... »

« Priez Dieu pour moi ! » *murmure la fille. Sur ces mots, elle retourne à sa solitude et se consacre à Dieu.*

*

Mais cela ne dure pas longtemps. La fille revient à la porterie et demande à parler à son vénérable confesseur : « Seigneur, *dit-elle*, réjouissez-vous avec moi : je suis devenue Dieu !

– Dieu soit loué ! *s’exclame-t-il.* Retourne à ta solitude, éloigne-toi des hommes. Si tu continues d’être Dieu, alors je me réjouirai avec toi ! »

Elle obéit à son confesseur et se réfugie dans un coin de la chapelle.

*

Il arriva alors qu'elle oublia tout ce qui porta jamais un nom.

Elle fut tirée si loin hors d'elle-même et hors de toutes choses créées qu'il fallut la transporter à l'extérieur de la chapelle.

Elle resta étendue pendant trois jours. On la tenait pour morte. Mais son confesseur déclara : « Je ne crois pas qu'elle soit morte. »

Soyez sûr que, s'il n'avait pas été son confesseur, on l'aurait enterrée[26].

On essaya tout ce qu'on put pour savoir si l'âme était toujours dans le corps. Il fut impossible d'en rien savoir :

« Assurément, *dirent-ils*, elle est morte.

– Assurément, *dit le confesseur*, elle ne l'est pas ! »

26. Cette remarque semble logiquement venir de l'Ami de Dieu lui-même qui, au début de son premier discours, a recommandé à son auditrice d'aller voir un confesseur. Ceci confirmerait que, tout au long du texte, c'est lui qui joue le rôle du narrateur.

Au troisième jour, la fille revint à elle : « Hélas, pauvre de moi, *soupire-t-elle,* suis-je donc encore ici ? »

Son confesseur était déjà auprès d'elle : « Laisse-moi jouir des faveurs de Dieu, *la pria-t-il* : fais-moi connaître ce que tu as vu !

– Ma foi, *dit-elle*, je ne le puis. Ce que j'ai vu, personne ne peut le mettre en mots.

– As-tu à présent tout ce que tu voulais ?

– Oui, j'ai été confirmée ! »

4

Mourir de cinq morts

Honneur et louange au nom de notre Seigneur Jésus Christ, qui nous a révélé que nous pouvons obtenir par grâce ce qu'il est par nature !

Celui qui se foule aux pieds lui-même et toutes choses créées, celui-là est un homme qui souffre Dieu.

*

L'homme doit mourir de cinq morts.

La première, c'est de mourir à toutes les choses de la nature. Lorsque cette première mort est accomplie, c'est l'esprit qui règne. Mais l'homme peut encore tomber dans la mort éternelle, comme il nous est montré par Lucifer : bien qu'il fût un pur esprit, c'est de lui-même qu'il est tombé et tombera de toute éternité.

C'est pourquoi nous devons mourir à l'esprit : il faut que notre esprit se spiritualise dans l'esprit de vérité[27]. *À ce stade, nous devons commencer à vivre de la vie de notre Seigneur Jésus Christ et à suivre son exemple et ses paroles jusqu'à leur perfection.*

Il nous faut alors mourir en notre Seigneur Jésus Christ, en cette vérité qui est son être, comme il est mort lui-même en notre humanité. À ce stade, nous devons ressusciter en Jésus Christ et vivre dans la vie de la Vie. Alors nous entrons "dans le Père par le Fils".

C'est alors que l'homme reçoit un coup mortel : il est frappé en son être par la Lumière divine. L'homme apprend à ce stade à se connaître lui-même. Il oublie tout le bien qu'il sait que Dieu a pu lui faire jamais. Pensée, parole, volonté, action : tout cela est présent devant lui dans le reflet de la Lumière qu'il a reçue du Père. Et là, en cette Lumière divine, l'âme se reconnaît inférieure à toutes les créatures : elle ne se trouve pas de lieu où demeurer et se considère comme plus méchante que la pire créature que Dieu créa jamais. Lucifer lui-même lui semble trop bon : elle se place plus bas que lui.

27. En moyen haut allemand *« daz unser geist vergeistet werde in den geist der wârheit »*.

L'âme du Christ et l'âme de Lucifer, nous disent à ce sujet les maîtres, ont été créées toutes deux d'une même lumière. Là se trouve la misère de l'âme : d'avoir à porter d'elle-même jugement.

L'âme du Christ était la plus sage qui fut jamais : du créé elle se tourna vers le Créateur. C'est pourquoi le Père la revêtit d'une robe divine et des attributs de la nature divine.

Lucifer, quant à lui, se tourna vers les choses corruptibles. C'est pourquoi il est tombé et tombera de toute éternité.

De la même manière tombent tous ceux qui se détournent de Dieu pour des choses transitoires. Se découvrant en elle-même telle qu'elle est, l'âme s'y anéantit et désire y reposer pour l'éternité, car c'est elle qui s'est rendue coupable.

5

Nature et naturel

Du plus humble de tous les anges du ciel, nous disent les meilleurs maîtres, une goutte est tombée sur le ciel le plus haut : c'est de là que les cieux ont pris leur cours. Chacun d'eux courant aussi loin que le leur a donné la nature, ils emportent cette goutte avec eux.

C'est de cette goutte que reçoivent la vie toutes les créatures qui l'ont jamais reçue dans le temps. C'est en elle que toutes les créatures s'efforcent vers leur source première.

Par elle l'âme comprend que, le temps recelant si peu de Dieu, nous devons opérer toutes nos œuvres au delà du temps, dans l'éternité. C'est ce qui nous est montré par le Christ, qui opéra toutes ses œuvres dans l'éternité : si Dieu avait jamais accompli une œuvre à l'extérieur de Lui, il n'aurait pas été Dieu.

C'est ainsi que Dieu opère toutes ses œuvres : de sorte qu'elles demeurent en Lui. Et c'est aussi de cette manière que nous devons opérer les nôtres si nous voulons qu'elles soient établies dans l'éternité. Ce qui doit s'entendre comme suit : est mien et demeure en moi ce que personne ne peut me prendre.

À cette découverte, l'âme se sent soudain accablée : "Hélas, *se lamente-t-elle*, pourquoi ai-je accompli tant d'œuvres au dehors de moi !"

*

Les maîtres évoquent à cet égard la nature.

Nature *et* naturel *ne sont pas une même chose. Le* naturel *est acquis dans le temps ; la* nature *est en elle-même éternelle. Ceci, l'âme le perçoit.*

Les maîtres disent que le tonnerre ne vient de rien d'autre que de la différence :es nuages ne peuvent souffrir en eux-mêmes ce qui est différent et l'expulsent. De là le tonnerre et l'éclair. Le vent fait de même : il souffle aussi longtemps qu'il faut pour chasser de lui ce qui est différent de lui. De là la pluie. Ainsi toutes les créatures se purifient de ce qui est différent d'elles.

Ici l'âme découvre qu'elle a bien des fois laissé habiter en elle-même ce qui est différent d'elle : « Toutes les créatures, *dit-elle*, m'ont orientée vers mon bonheur éternel. Cela, elles ne l'avaient pas fait pour Lucifer. S'il est de lui-même tombé, c'est à cause des contradictions qu'il portait en lui. Quant à moi, Dieu m'a contenu en Lui, mais jamais ne n'ai voulu le reconnaître. C'est pourquoi jamais je ne pourrai trouver grâce. »

C'est pourquoi l'âme ne souhaite que de « reposer » *et ne veut plus jamais revenir à elle-même.*

C'est là que les maîtres disent : « De par sa nature, Dieu doit attirer à Lui par son identité même ce qui lui est semblable, comme le soleil attire l'eau vers lui. » *L'âme est unie alors à la pure Déité de sorte qu'on ne peut l'y distinguer davantage qu'une goutte de vin au milieu de la mer.*

Pas plus que Dieu ne peut tomber, cet homme ne peut tomber dans aucun vice. Un tel homme, on peut l'appeler « un homme de forme divine ». *Dieu est dans sa personne un maître d'œuvre agissant.*

De toutes choses, il a un sentiment juste. Aussi longtemps qu'il est un en Dieu, toutes choses se tiennent en lui sans images. Voilà ce que signifient ces mots : "en cet homme toutes choses sont sans image."

*

Les maîtres disent : « Celui qui veut mesurer une âme, il doit la mesurer d'après Dieu. Car le fond de Dieu et le fond de l'homme sont un seul être[28]. »

La partie de l'âme qui donne la vie au corps est aussi la plus petite. L'homme qui a pu remplir de vie ce corps trouve en lui un bonheur sans cesse renouvelé. Alors même qu'il est contraint d'aller dans le temps, il réside pourtant dans l'essence éternelle de son être. Il habite le lieu de la Vérité.

28. « *wan der grunt gotes unde der grunt der sêle sind ein wesen.* » On retrouve une formulation presque identique dans le Sermon 15 : « *Le fond de Dieu et le fond de l'âme n'étant qu'un seul et même fond* » (*Traités et sermons*, trad. A. de Libera, GF Flammarion, p. 315).

Un tel homme peut se reconnaître à cinq éléments.

Le premier, c'est qu'il n'a jamais un mot pour se plaindre.

Le deuxième, qu'il ne justifie jamais : quoi qu'on dise de lui, il laisse la vérité se faire d'elle-même.

Le troisième, qu'il ne désire rien d'autre au ciel ni sur la terre que ce que Dieu attend de lui.

Le quatrième, que rien de ce qui est dans le temps ne le peut émouvoir.

Le cinquième, que rien ne peut plus le réjouir : car il est lui-même la Joie.

6

Comment accéder à la vérité éternelle

Le vénérable confesseur vient alors trouver sa fille dans un pays étranger. Il la prie sincèrement, au nom de Dieu, de bien vouloir parler avec lui :

« Je veux bien, *répond-elle,* parler avec vous de choses extérieures

– J'en suis heureux, *dit-il.* Dis-moi : quel est, selon toi, ce qui t'a le mieux préparée à la Vérité éternelle.

– C'est de m'être abandonnée toujours, partout où je me trouvais. C'est de ne m'être jamais justifiée de ce qu'on disait de moi lorsque cela ne concernait que moi. C'est, en troisième lieu, de n'avoir jamais souffert tant de peines que je n'aie désiré d'en souffrir plus encore et pensé que cela n'était que justice.

« C'est, en quatrième lieu, d'avoir œuvré par tous moyens à n'être que le plus chétif des êtres humains, pauvre et privé de toutes les consolations qui auraient pu me venir des créatures.

« En cinquième lieu, de n'avoir jamais vu un homme céder à ses défauts sans l'en blâmer, et n'avoir jamais entendu parler contre l'Évangile et contre la vie du Christ sans vouloir à cause de cela donner mon corps à la mort. Ce qui m'a le plus incitée à faire reproche aux hommes de leurs défauts, sachez-le, c'est de les voir courir à leur malheur éternel. Je ne l'ai jamais fait, soyez-en sûr, que par amour, au nom de Dieu, tant ils me faisaient pitié. Et pourtant, je vous le dis, les hommes m'ont accablée de toutes sortes d'injures.

« En sixième lieu, de n'avoir jamais évité les lieux où l'on m'avait injuriée : j'ai fui les lieux où l'on m'honorait, je suis restée là où l'on m'offensait.

« En septième lieu, de n'avoir jamais regardé en arrière depuis que je me suis trouvée sur la voie du bonheur éternel et de n'avoir jamais suivi le conseil d'aucune créature : j'ai continué toute seule mon chemin avec un zèle sincère.

« En huitième lieu, de ne m'être jamais contentée de la lumière dans laquelle je me trouvais, ni de la vision qui m'était donnée : depuis que j'ai été confirmée, tout cela ne m'est plus que néant.

« En neuvième lieu, de ne m'être jamais refusée à Dieu lorsqu'il voulait opérer par moi.

« En dixième lieu enfin, de m'être exercée du mieux que j'aie pu à l'intérieur comme à l'extérieur. »

7

Les exercices intérieurs

« Dieu soit loué ! *reprit le confesseur.* Maintenant que tu m'as parlé de tes exercices extérieurs, parle-moi de tes exercices intérieurs.

– Ma foi, *répondit-elle,* je craindrais que vous ne compreniez pas.

– Eh bien, dis-m'en tout de même quelques mots !

– Lorsque j'ai été confirmée, toutes les œuvres que Dieu a produites me sont apparues comme une chose minuscule sous le ciel. Ma maison a été dans les cieux. J'y ai pris demeure en compagnie de tous ceux qui habitent au sein de la Trinité. Et je l'ai connue aussi bien qu'un brave homme connaît la maison qu'il habite. J'ai su ce qui distingue les créatures et les œuvres de Dieu : j'ai connu leurs différences aussi bien que les doigts de ma main.

– Explique-moi le sens de ce que tu dis.

– Je vais le faire. J'ai dompté toutes les

puissances de mon âme : lorsque je regardais en moi, j'y voyais Dieu et tout ce qu'Il a créé dans le ciel et sur la terre. Ce point, je veux vous l'expliquer mieux encore. Celui qui est tourné vers Dieu et vers le miroir de toute Vérité, vous le savez, voit tout ce que le miroir reflète, c'est-à-dire toutes choses. Telle était ma pratique intérieure avant que je ne sois confirmée. Comprenez-vous bien le sens de cela ?

– Forcément cela doit être vrai. Mais ta pratique, maintenant, n'est plus la même ?

– Non. Je n'ai plus rien à faire avec les anges ni avec les saints, ni avec aucune créature ni rien de ce qui a été créé. Et non seulement je n'ai plus rien à faire avec rien de ce qui a été créé, mais avec rien de ce qui a été mis en mots. »

*

« Explique-moi cela, *lui demanda-t-il encore.*

– Je vais le faire, *répondit-elle.* J'ai été confirmée dans la pure Déité en laquelle il n'y eut jamais image ni forme.

– Y es-tu en permanence ?

– Oui.

– Ah, ma fille, j'aime à entendre tes paroles. Parle-moi encore !

– Où je suis, aucune créature ne peut entrer selon le mode des créatures.

– Instruis-moi mieux.

– Je suis là où j'étais avant d'être créée. Il ne s'y trouve que Dieu et Dieu. Il n'y a là ni anges ni saints, ni chœurs ni ciel. Certaines personnes parlent de *"huit ciels"* et de *"neuf chœurs"*. Là où je suis, il n'y a rien de cela. Tous les mots, toutes les images que l'on propose aux hommes, sachez-le, tout cela n'est rien que pour attirer à Dieu. En Dieu, sachez-le, il n'y a rien d'autre que Dieu. Nulle âme ne peut entrer en Dieu à moins de devenir Dieu elle-même comme elle l'était avant d'être créée. »

8

Le retour à l'origine

« Ma chère fille, *s'exclama le confesseur*, ce que tu dis est vrai. À présent, pour l'amour de Dieu, conseille-moi de ton mieux : comment dois-je faire pour posséder ce bien ?

– Je vais vous donner un conseil digne de foi, *répondit-elle.* Vous savez que toutes les créatures sont créées du néant et qu'elles doivent redevenir néant avant de retourner à leur origine ?

– C'est exact.

– Alors on vous en a assez dit ! Demandez-vous : qu'est-ce que le néant ?

– Je sais ce qu'est le néant, et je sais même ce qui est moins que le néant. Car voici comme il te faut l'entendre : si devant Dieu toutes les choses corruptibles sont néant, celui qui les pratique est donc encore moins que néant.

– Pourquoi cela ?

– Parce qu'il est l'esclave de la corruption. Le néant est néant. Mais celui qui est au service du néant est encore moins que le néant.

– C'est la vérité. Dirigez-vous donc d'après cela si vous voulez arriver au bien éternel : anéantissez-vous au dessous de vous-même et de toute créature jusqu'au point où vous réaliserez que vous n'avez rien de plus à faire que de laisser Dieu opérer en vous.

– Tu dis vrai. »

*

« Un maître, *continua-t-il*, a cette parole : *"Celui qui aime Dieu comme* son *Dieu, celui qui prie Dieu comme* son *Dieu, celui qui se contente de cela est à mon sens un homme sans foi."*

– Heureux le maître qui a dit cela ! Il connaissait la Vérité. Celui qui se contente de ce que l'on peut mettre en mots, soyez-en sûr, pour lui *Dieu* n'est qu'un mot et le *royaume des cieux* un autre mot. Celui qui ne tend pas, de toutes les puissances de son âme – par la connaissance et par l'amour –, à dépasser tout ce qui a été exprimé jamais par les mots, il faut bien l'appeler un homme sans foi.

« Ce que l'on met en mots, ce sont les sens inférieurs et les puissances inférieures de l'âme qui le saisissent. Les puissances supérieures de l'âme ne s'en contentent pas : elles s'avancent toujours plus loin jusqu'à ce qu'elles parviennent à l'origine d'où l'âme a jailli.

« Sachez pourtant que les puissances de l'âme ne peuvent pénétrer l'origine. Les neuf puissances de l'âme sont toutes les servantes de l'homme qu'elle habite : elles l'arrachent aux choses les plus basses et l'aident à faire retour vers l'origine. Mais lorsque l'âme atteint sa plénitude, au delà de toutes les choses créées, face à son origine, alors toutes les puissances doivent rester dehors.

« Voici comme il vous faut l'entendre. L'âme est alors nue et dépouillée de toute chose nommable. Elle est une dans l'Un et se répand dans la pure Déité comme l'huile dans l'étoffe, qu'elle pénètre de part en part. Et, de même, aussi longtemps que Dieu l'a ordonné, elle s'écoule et se répand sans cesse, afin de donner existence au corps ici-bas.

« Dans le même temps que l'homme de bien vit sur la terre, sachez-le, son âme s'avance dans l'éternité. C'est pourquoi les hommes de bien aiment cette vie. »

*

« Ma fille, *reprit-il,* tu as raison. Un maître dit cette parole : *"Imaginons deux hommes sur le point de mourir, tous deux également avancés dans l'amour de Dieu. Supposons que l'un des deux meure avant l'autre et que le second ait le temps de pousser un soupir vers Dieu ou d'avoir une pensée pour une des souffrances que Dieu a connues ou pour une des paroles qu'Il a prononcées, aussi humbles soient-elles. Celui-ci aura à jamais un avantage sur celui qui est mort le premier, aussi longtemps que Dieu vivra."*

– C'est exact. Comprenez aussi que, tout comme l'homme de bien est élevé, celui qui fait le mal descend toujours plus bas. »

III

Troisième discours :
le Jugement Dernier

1

L'enfer

« Eh bien, ma chère fille, *demanda le confesseur*, à présent instruis-moi[29]. On parle de l'enfer, du purgatoire et du ciel et on lit sur ces sujets bien des considérations. Or on lit également que Dieu est en toutes choses et que toutes choses sont en Dieu…

– C'est vrai, *répondit-elle.*

– Bon, *continua le confesseur*, explique-moi alors, pour l'amour de Dieu, comment je dois vraiment le comprendre.

– Je le ferai volontiers, pour autant que je puis trouver les mots. »

29. Les deux premiers discours étaient prononcés devant la femme par l'Ami de Dieu. Ce troisième discours est tenu devant le confesseur par sa fille elle-même. Comme dans le *Meisterbuch* ou les *Légendes*, le Disciple en vient, à partir d'un certain moment, à enseigner le Maître. Ici, c'est la fille spirituelle qui explique à son confesseur ce que sont l'enfer, le purgatoire et le ciel.

*

« L'*enfer, commença-t-elle,* n'est rien d'autre qu'une essence. Ce qui constitue ici l'essence des hommes, cela le restera pour l'éternité si c'est dans cette essence que la mort les a trouvés. Quantité de gens s'imaginent avoir ici une essence de créature et posséder là-bas une essence divine. Cela ne peut être. Bien des hommes, sachez-le, sont dans l'erreur sur ce point. Ils considèrent le purgatoire comme une pénitence, qui donc aura une fin. Mais voici comme il vous faut l'entendre.

« Certains hommes honorent Dieu et les amis de Dieu avec tant de zèle que Dieu est obligé d'avoir pitié d'eux, ne serait-ce qu'au moment de leur mort. Il se produit en eux un vrai repentir dans l'amour et dans la connaissance et ils se détachent d'eux-mêmes et de toutes choses créées. Vraiment, leur essence devient amour. S'il arrivait alors qu'ils doivent vivre plus longtemps, jamais plus ils ne se livreraient au vice : par amour, ils désireraient avoir à souffrir tout ce que notre Seigneur Jésus Christ et ses amis bien-aimés ont eux-mêmes souffert. Ces hommes-là sont élevés par la grâce.

« Les hommes qui demeurent dans leur essence attachés aux choses créées resteront pour l'éternité dans cette essence, qu'on appelle l'*enfer*. De même, ceux qui ne laissent demeurer en eux que Dieu seul resteront dans leur essence : Dieu deviendra leur essence et le restera pour l'éternité.

« Voici comme il vous faut l'entendre. On parle du Dernier Jour, où Dieu rendra son jugement. C'est vrai, mais pas comme les gens l'imaginent. Car chaque homme se jugera lui-même : tel qu'il apparaîtra ce jour-là dans son essence, tel il restera pour l'éternité.

« Bien des gens disent : *"Le corps ressuscitera avec l'âme."* C'est vrai, mais pas comme les gens l'entendent. Car l'essence du corps rejoindra celle de l'âme et deviendra une avec elle. Les âmes qui ont passé en Dieu tous les jours de leur vie et pour qui Dieu a été leur essence même, Dieu demeurera pour l'éternité l'essence de leur corps et de leur âme. Mais il n'en sera pas de même des méchants, de ceux qui ont gaspillé leur vie dans les affaires des créatures et dont l'essence n'a consisté en rien que cela : leur essence restera la même, et pour l'éternité ils sombreront loin de Dieu et de ses amis. C'est là ce qu'on appelle l'*enfer*.

« Pourtant ces mêmes hommes, comprenez-le, tiennent leur essence de Dieu : car sans Lui ils ne seraient pas. Ils sont en Dieu, et Dieu est en eux. Sachez-le : ils tiennent de Dieu leur essence.

« Comprenez-moi : ils sont en Dieu comme un homme qui aurait gardé son corps contre son roi légitime. Cet homme a dérobé à son roi son honneur, ainsi que celui de ses amis et, plusieurs fois, a porté atteinte à sa vie. Le seigneur, qui ne lui a jamais fait que du bien, imagine qu'il va s'amender mais, à mesure qu'il s'aperçoit qu'il n'est pas disposé à le faire, commence à se fâcher. Le roi le fait arrêter par sa justice, mais ne le tue pas, car il veut lui faire payer ses offenses.

« On commence par lui lier pieds et poings et on le jette dans le cachot le plus profond, avec les crapauds et les serpents, dans l'eau croupie qui se trouve d'ordinaire au fond des donjons. Puis, on l'en sort et on l'expose au pilori afin que tous les gens voient son châtiment et qu'il les voie s'en réjouir. Sa peine en est redoublée. L'une après l'autre, on lui inflige ainsi les pires tortures qu'on puisse imaginer, après quoi on le remet au cachot. Il vit sans cesse dans l'attente du moment où on l'exécutera.

« Certes, on pourra dire : *"Cet homme habite à la cour du roi"*, car le cachot se trouve à la cour du roi tout aussi bien que la salle d'honneur où le roi reçoit ses amis bien-aimés. Et cependant vous comprenez bien que leur essence est différente.

« Il en est de même du peuple céleste dont nous venons de parler. Sachez-le, sa peine durera éternellement. Je m'étonne que celui qui entend de telles paroles commette encore le péché. Car le purgatoire est lui-même déjà si effrayant que celui qui le comprendrait vraiment ne resterait pas un instant de plus dans le vice. »

2

Le purgatoire

« Voici comment vous devez comprendre le *purgatoire* : selon le temps et selon les mots.

« Lorsque l'âme, comme je l'ai dit, quitte le corps avec une volonté pleine de foi et d'amour d'accomplir toutes choses pour Dieu et d'abandonner pour Lui tous ses vices, sachez-le, cette âme est en grande affliction. Car elle n'a plus rien à faire qu'attendre que Dieu veuille bien la prendre en pitié. Et devrait-elle attendre jusqu'au Dernier Jour, cette espérance est son essence même. Au Jour du Jugement, tout cela, sachez-le, sera fini.

« Mais les hommes qui se trouvent dans l'Essence proprement divine[30] n'ont pas à

30. *« die liute, die in götlîcher weslichkeit stênt » :* pour marquer la différence de *weslichkeit* par rapport au simple *wesen*, ce mot est rendu ici par *l'Essence proprement* divine ou simplement *l'Essence.*

subir cette attente. Lorsque l'âme quitte le corps, elle demeure dans l'essence même de l'Essence divine dans la mesure où elle a connu et aimé Dieu. Et, après le Jour du Jugement, l'essence du corps et l'essence de l'âme deviennent une seule essence dans l'Essence proprement divine.

« Comprenez ce que disent sur ce point les meilleurs maîtres et ne croyez pas ceux qui affirment que Jean serait monté au ciel avec son corps et son âme, ou que d'autres amis de notre Seigneur seraient passés du temps dans l'éternité avec leur corps et leur âme. Cela ne peut être.

« En Dieu il ne peut y avoir que Dieu, et rien d'autre : ni bouche, ni nez, ni main, ni rien de ce qui fait partie du corps. C'est pourquoi il n'est pas possible qu'ils soient arrivés là avec leur corps.

« Si vous voulez comprendre plus exactement : lorsque vint pour Jean le temps de partir, Dieu laissa tout de suite advenir ce qui serait advenu au jour du Jugement. Il le permit par véritable amour, voyant combien Jean était pur. Avec l'aide de Dieu, l'essence de l'âme de Jean entraîna dans son ascension celle de son corps.

« C'est ainsi que vous devez l'entendre : le corps de Jean, qui aurait dû pourrir dans la terre, fut consumé dans l'air, de sorte que rien d'autre n'entra en Dieu que l'essence de ce corps, qui aurait pareillement suivi l'âme au Jour du Jugement.

« Il en fut de même pour Marie et pour tous ceux dont on dit qu'ils sont passés à Dieu avec leur corps. »

3

La résurrection des corps

« Tu dis vrai, *reprit-il.* Mais sur ce point, sache-le, il y a eu entre nos meilleurs maîtres une grande controverse.

– Je vous dirai comment vous devez la comprendre. Venons-en à notre Seigneur Jésus Christ et soyez attentif à son Ascension. Avant de monter au ciel, il mangea. Or vous savez que la nourriture devait disparaître durant l'ascension ainsi que tout ce que le Christ avait absorbé et qui demeure dans le temps. Il ne pouvait emporter rien d'autre vers le Père que ce qui avait jailli du Père. L'essence de l'âme du Christ entraîna en elle, avec l'Essence proprement divine, l'essence de la noble humanité de notre Seigneur Jésus Christ. C'est ainsi que demeurent les Personnes dans le Père : chacune est une avec Lui. C'est ainsi que demeurent également dans le Père tous ceux qui reçoivent par grâce ce que le Christ posssède par nature. Non qu'ils entraînent avec eux la vie du corps au moment où ils montent au ciel. Car il doit demeurer jusqu'au Jour du Jugement : lorsque toutes choses seront anéanties, alors seulement l'âme retrouvera l'essence de son corps, comme on le dit communément. Mais celui que Dieu veut favoriser, vous le savez bien, Il peut faire pour lui ce qu'Il a fait pour Jean.

– Oui, je le sais parfaitement. Si j'agissais comme saint Dominique a agi, je deviendrais Dominique. Saint Dominique a vendu ses livres et tout ce qu'il avait et l'a donné aux pauvres pour l'amour de Dieu. Mais cela, chère fille, nous ne le faisons pas, ni quantité d'autres œuvres vertueuses que faisait saint Dominique ! C'est pourquoi nous restons ce que nous sommes : nous nous figurons que nous sommes de grands hommes d'Église, mais nous vivons dans le néant... Saint François était un homme simple : c'est pourquoi Dieu l'a grandement honoré. Il allait vers Dieu avec simplicité, par une vie parfaite, et ainsi Dieu lui devint familier. Or il y avait dans le pays un bon ecclésiastique qui éprouvait une grande colère de voir ce laïque dans une telle intimité avec Dieu. Il vint le voir et lui demanda :

"Frère, l'Écriture nous enseigne que nous devons punir les hommes pour leurs défauts. Comment nous faut-il le comprendre ? – C'est juste", lui répondit François. Mais l'homme d'Église insista : *"Celui que je punirai m'en fera le double !"* Saint François lui dit alors : *"Non, il n'en fera rien. Je peux vous expliquer l'Écriture plus simplement. En vérité, il nous faut vivre, au dehors comme au dedans, d'une vie si parfaite que les autres hommes ne se punissent que par leur propre vie."* L'ecclésiastique se trouva tout honteux : *"Frère,* reprit-il, *vous dites vrai."* Aujourd'hui encore, soyez-en sûre, celui qui agirait comme agissait saint François serait comme saint François. Je dirai plus : quand nous nous absentons de notre vie, la grâce s'absente de nous. Je dirai plus encore : celui qui s'abaisserait au-dessous de saint Jean serait plus que saint Jean !

– Dieu soit loué que vous sachiez cela !

– Il y a longtemps que je le sais. Et je sais que c'est nécessairement la vérité. Et pourtant je ne vis pas en conséquence.

– Cela me fait grand pitié, croyez-le bien ! »

4

La vie de l'homme accompli

« Vous m'avez parlé de neuf cieux, *continua-t-elle*. À présent répondez à ma question en me conseillant de votre mieux. Comment dois-je mener ma vie ? Car vous connaissez ma vie mieux que personne...

– Certainement, *répondit-il*, je le ferai bien volontiers ! Mange à ta faim, bois à ta soif. Dors tout ton saoul, habille-toi de linge fin, régale-toi de friandises. Tout ce que ton cœur peut désirer de nourritures et de plaisirs, prends-le. Ne vis que pour toi-même. Si tu voyais s'effondrer sous tes yeux tout ce que Dieu a créé, ne prends pas la peine d'un *Ave Maria*. Commande à l'ensemble des créatures de te servir selon ton bon vouloir, pour la plus grande gloire de Dieu. Porte de belles robes, tissées d'étoffes délicates. Demeure chez toi et laisse Dieu se charger de toutes choses. Si tu veux te servir des créatures, fais-le tout à loisir : toute créature dont tu uses, tu l'élèves vers son origine. Car, tu le sais bien, tout ce dont tu te sers est en Dieu et pour la gloire de Dieu.

– Vous dites vrai, je le sais bien. Mais jusqu'à ma mort, sachez-le, je ne veux rien être d'autre qu'un pauvre être humain.

– Tu as tort !

– Eh bien, je resterai dans ce tort ! Je veux être pauvre et misérable. Cela, personne ne pourra me l'enlever.

– Sur mon âme, tu fais grand tort à ton Dieu.

– Comment cela ?

– Ton tort est de vouloir.

– Dieu sait bien que je ne le fais que pour honorer la voie qui m'a conduite au bonheur éternel. Si cette voie est fausse dans le temps et dans l'éternité, je veux continuer d'avoir tort avec elle dans le temps comme dans l'éternité. Sachez-le, je ne veux en rien m'écarter de la voie de notre Seigneur Jésus Christ.

– Tu dois savoir pourtant que Dieu te donne largement toutes choses.

– J'accepte bien des commodités et ne fais plus autant pénitence qu'avant. Si je pouvais aider à s'améliorer tous les hommes de bien qui se trouvent sur le chemin de leur bonheur éternel mais n'y ont pas encore été confirmés, soyez en sûr, je le ferais avec joie. Et si je pouvais aider tous les hommes à se corriger de leurs défauts, je le ferais volontiers pour l'amour de Dieu.

« Puisque notre Seigneur Jésus Christ a fait pénitence jusqu'à sa mort, il me faut, soyez-en sûr, en faire autant. Aussi longtemps que je vivrai ici-bas, les puissances extérieures de mon âme doivent être occupées de la noble vie et la noble humanité de notre Seigneur Jésus Christ, et de ses nobles paroles.

« Quant aux puissances supérieures, sachez-le, elles opèrent dans l'âme du Christ au sein du Père céleste. Elles y sont réunies en une seule essence et ne se sont jamais abaissées. À travers les puissances, l'Esprit Saint jaillit du Père dans mon âme, et de mon âme dans le Père ; et chaque puissance opère ici-bas son œuvre propre dans l'Esprit saint, et dans le Père avec le Fils, notre Seigneur Jésus Christ.

« Ceci vous devez l'entendre littéralement, car, depuis que j'ai éprouvé la différence entre le bien et le mal, Dieu veut tout connaître de chacun de mes jours. »

5

L'évanouissement de Maître Eckhart

« Chère fille, *reprit-il*, explique-moi cette parole des maîtres : *"Au ciel, mille âmes peuvent être assises sur la pointe d'une aiguille"*. Que dois-je entendre par là ?

– Les maîtres disent vrai, *répondit-elle*, et voici comme il vous faut l'entendre : l'âme qui entre en Dieu ne connaît ni lieu ni heure ni aucune chose que l'on puisse mettre en mots.

« Bien plus : si l'on considère l'espace qui est donné à l'âme en partage, je vous dirai qu'il est bien plus grand que le ciel et la terre et tout ce que Dieu a créé. Je dirai plus encore : si Dieu avait créé autant de cieux et de terres, et si même Il avait créé autant d'univers, qu'Il a produit de créatures, tout cela serait encore plus infime qu'une pointe d'aiguille en comparaison de l'espace que reçoit en partage une âme qui est unie à Dieu. »

*

La fille continua de discourir ainsi et, alors qu'elle parlait, elle entra en Dieu.

Et elle était si bien partie à parler de Dieu que le confesseur lui disait sans cesse : « Parle, ma chère fille, parle encore... »

La fille lui dit tant de choses de la grandeur de Dieu, de sa puissance et de sa Providence, qu'il en perdit les sens et qu'il fallut le porter dans une cellule à l'écart.

Il y resta un long temps étendu avant de revenir à lui.

6

Monter et descendre

Lorsqu'il fut revenu à lui, le confesseur exprima le désir que la fille vienne à sa cellule.

Elle vint auprès de lui et lui demanda :

« Comment allez-vous à présent ?

– Excellemment ! *s'exclama-t-il.* Dieu soit loué d'avoir fait une créature comme toi ! Tu m'as montré le chemin de mon bonheur éternel. J'ai été enlevé dans une vision divine et, tout ce que j'avais entendu de ta bouche, il m'a été donné de le connaître en vérité. Ah, ma chère fille, par l'amour que Dieu a mis en toi, aide-moi, je t'en supplie, à demeurer en parole et en action tel que je suis à présent !

– Non, sachez-le, ce n'est pas possible. Vous n'y êtes pas encore entraîné. Quand votre âme et vos puissances auront pris l'habitude de monter et descendre le chemin aussi aisément qu'un serviteur entre et sort d'une maison, quand vous connaîtrez et distinguerez le peuple céleste et tout ce que Dieu a créé aussi exactement qu'un maître connaît sa maisonnée, alors vous saisirez la différence entre Dieu et la Déité. Alors aussi vous saisirez la différence entre esprit et spiritualité. Alors seulement vous pourrez aspirer à être confirmé.

« Ne vous égarez pas. Prenez plaisir avec les créatures sans que nul de vous ni d'elles n'en subisse de tort. Efforcez-vous ainsi d'élever vos puissances afin de ne pas avoir à sombrer dans la folie. Tout cela, accomplissez-le avec constance jusqu'à ce que s'éveillent les puissances de votre âme et que vous puissiez entrer dans cette science dont nous avons parlé. »

Honneur et louange
au doux nom
de notre Seigneur
Jésus Christ.

Amen.

NOTE BIOGRAPHIQUE

Eckhart est né vers 1260 d'une famille thuringienne de Hochheim, résidant à Tambach près de Gotha. On ne sait rien de sa jeunesse, ni même de son entrée chez les dominicains. Les seuls documents incontestables nous le montrent bachelier sententiaire à l'université de Paris : il a alors plus de trente ans.

De 1294 à 1298, Eckhart est prieur du couvent dominicain d'Erfurt. C'est à cette époque qu'il rédige sa première grande œuvre : *Die rede der unterscheidunge* (Discours du discernement). En 1302, il obtient la maîtrise en théologie de l'université de Paris : frère Eckhart devient Maître Eckhart de Hochheim.

De retour en Allemagne, en 1303, Eckhart est élu premier provincial de la province dominicaine de Saxonia, qui regroupe 47 couvents de frères, représentant onze nations différentes (dont la Hollande). Son siège est à Erfurt. À ces lourdes responsabilités sera bientôt ajoutée celle de vicaire général de la province de Bohême. Malgré les interminables voyages à pied que lui imposent les chapitres généraux et provinciaux, malgré les fondations de nouveaux couvents et la multiplication des travaux administratifs, cette seconde période d'Erfurt est marquée par une prédication en langue allemande qui, d'emblée, connaît un retentissement considérable.

En 1311, Eckhart est envoyé une seconde fois à Paris pour y enseigner, honneur exceptionnel dont seul Thomas d'Aquin a, auparavant, bénéficié. Il y trouve une situation très troublée : les templiers viennent d'être exécutés, le 27 mai 1310, et Marguerite Porete, la béguine du Hainaut, brûlée en place de Grève le mois suivant.

En 1313, Eckhart quitte Paris pour Strasbourg, en Teutonia, comme vicaire général, chargé de la direction spirituelle des moniales. Il s'y occupe non seulement des sœurs de son ordre et des femmes de ses tiers ordres, mais aussi de toutes les pieuses femmes que comptent les 85 béguinages de la ville.

Au début de 1324, Eckhart est envoyé au *Studium generale* de Cologne, pour y enseigner. Son assistant est Nicolas de Strasbourg, qui devient en août 1325 visiteur de Teutonia. Sans doute pour devancer l'évêque de Cologne, Nicolas entame, dès 1325, une action contre Eckhart, qui aboutit à un non-lieu. L'année suivante cependant, l'évêque de Cologne lance contre le théologien dominicain un procès d'inquisition. La situation est grave : de nombreux bégards et béguines viennent d'être brûlés ou noyés dans le Rhin. C'est la première fois qu'un maître en théologie, qui plus est la principale figure intellectuelle de son ordre, est objet d'inquisition. Pour défendre son maître le plus prestigieux contre les calomnies et les abus de pouvoir, l'Ordre se mobilise.

Du travail de la commission d'inquisition ne restent que deux listes de propositions suspectes d'hérésie, qui concernent surtout la prédication de Strasbourg et de Cologne. Le 13 février 1327, Eckhart proteste de son innocence dans l'église des dominicains de Cologne. Dès le printemps 1327, il décide d'aller porter lui-même en Avignon son affaire devant le pape Jean XXII. La commission pontificale ramène les listes du dossier d'inquisition à un ensemble de 28 propositions, traduites en latin et isolées de leur contexte. Le 27 mars 1329, la bulle *In agro dominico* condamne 17 d'entre elles comme *« contenant des erreurs ou entachées d'hérésie »*, les 11 autres étant seulement *« tout à fait malsonnantes, très téméraires et suspectes d'hérésie »*, mais *« susceptibles de prendre ou d'avoir un sens catholique, moyennant force explications et compléments »*.

L'axe de la condamnation est clair : il s'agit d'arrêter la diffusion des idées eckhartiennes *« dans le cœur des gens simples »*, en particulier à Cologne et dans le bassin rhénan. Ce sera, de ce point de vue, un échec total, puisque la prédication eckhartienne sera reprise là même où elle s'était épanouie, à Strasbourg, et par un Strasbourgeois – Jean Tauler. Elle se continuera aussi en Alsace chez les Amis de Dieu.

Mort en route dès 1328, Eckhart n'aura pas même eu le temps de connaître la sanction finale.

NOTE SUR LE PRÉSENT TEXTE

Les Dialogues de Maître Eckhart avec sœur Catherine de Strasbourg ont été publiés pour la première fois par Franz Pfeiffer dans l'édition *Deutsche Mystiker des vierzehnten Jahrhunderts* (Traité 6, volume 2, Meister Eckhart, Leipzig, 1857). Le texte ne porte pas de titre, seulement une épigraphe : *Daz ist swester katrei meister ekehartes tohter von strâzburg* (Ceci est sœur Katrei, la fille de Maître Eckhart à Strasbourg).

Une première traduction en a été donnée par Madame A. Mayrisch Saint-Hubert, l'une des toutes premières avec Bernard Groethuisen à avoir, dans les années trente, introduit en français l'œuvre d'Eckhart (*Telle était sœur Katrei*, Traités et sermons, Cahiers du Sud, 1954).

Afin de faciliter la lecture, l'option a été prise par le traducteur de faire ressortir autant que possible la structure et le déroulement du texte en y introduisant un découpage en parties et chapitres et en les accompagnant de titres.

Après *les Légendes* et *les Dits*, *les Dialogues avec sœur Catherine de Strasbourg* constituent le troisième volet d'une série de traductions consacrées à des textes essentiels pour la connaissance de la figure et de la doctrine de Maître Eckhart, encore inédits ou inaccessibles en français.

Les Carnets spirituels

Balthasar, Hans Urs von (1905-1988), *Grains de blé.*
Baudrand, Abbé (1701-1787), *L'Âme seule avec Dieu seul.*
Bossuet, Jacques Bénigne (1627-1704), *La Vie cachée.*
Chantal, Jeanne de (1572-1641), *Le Petit livret.*
Denys l'Aréopagite (Ps.), *Le Livre de la Théologie mystique.*
Eckhart, Maître (1260-1328), *Les Légendes de Maître Eckhart.*
Eckhart, Maître (1260-1328), *Les Dits de Maître Eckhart.*
Eckhart, Maître (1260-1328), *Discours du discernement.*
Eckhart, Maître (1260-1328), *Le Grain de sénevé.*
Eckhart, Maître, *Dialogues avec sœur Catherine de Strasbourg.*
Emre, Yunus (1238-1320), *Les Chants du pauvre Yunus.*
La Colombière, Claude de (1641-1682), *La Vaine gloire.*
Lavelle, Louis (1883-1951), *Règles de la vie quotidienne.*
León, Fray Luis de (1527-1591), *Écrits sur Thérèse d'Avila.*
Marie de l'Incarnation (1599-1672), *Écrits de Tours.*
Marie de la Trinité (1903-1980), *Le Petit Livre des Grâces.*
Marie de la Trinité (1903-1980), *« Consens à n'être rien ».*
Marie de la Trinité (1903-1980), *« Entre dans ma Gloire ».*
Marie de la Trinité (1903-1980), *De l'angoisse à la paix.*
Rabi'a (713-801), *Les Chants de la recluse.*
Ruysbroeck, Jean de (1293-1381), *L'Habitation intérieure.*
Saint-Cyran, Abbé de (1581-1643), *Lettre à un Gentilhomme.*
Séraphim de Sarov (1759-1833), *L'Entretien avec Motovilov.*
Tauler, Jean (1300-1361), *Les Cantiques spirituels.*
Thérèse de Lisieux (1873-1897), *« Une petite voie toute nouvelle ».*

Autres ouvrages de spiritualité
aux Éditions Arfuyen

Anonyme de Francfort (14e s.), *Le Petit Livre de la Vie Parfaite*
Bérulle, Pierre de (1575-1629), *Un néant capable de Dieu.*
Bloy, Léon (1846-1917), *Autobiographie d'une enfant.*
Böhme, Jakob (1575-1624), *De la vie au delà des sens* (bil.).
Dante Alighieri (1265-1321), *Vita Nuova* (bilingue).
Eckhart, Maître (1260-1328), *Sur l'humilité.*
Ferrières, Jean de (?-1588), *Le Thrésor des Prières.*
Firmicus-Porphyre-Sallustius, *Trois dévots païens.*
Gerlac (1378-1411), *Les Soliloques enflammés avec Dieu.*
Gibran, Khalil (1883-1931), *Le Livre des Processions* (bil.).
Hello, Ernest (1828-1885), *Prières et méditations.*
Jacopone da Todi (1230-1306), *Chants de pauvreté* (bil.).
Nichiren (1222-1282), *Devenir le Bouddha.*
Niffari (?-965), *Stations* (bilingue).
Nouveaux poèmes de la Bhagavad Gîtâ (bilingue).
Paracelse (1493-1541), *Évangile d'un médecin errant.*
Powers, Jessica (1905-1988), *Lieu de splendeur* (bilingue).
Proclus (412-485), *Hymnes et prières* (bilingue).
Rancé, Armand de (1626-1700), *Le Soleil et les ténèbres.*
Rilke, Rainer M. (1875-1626), *L'Amour de Madeleine* (bil.).
Seng Ts'an (520-602), *Hsin Hsin Ming* (bilingue).
Silesius, Angelus (1624-1677), *L'errant chérubinique* (bil.).
Schweitzer, Albert (1875-1965), *Respect de la vie.*
Spener, Philipp Jacob (1635-1705), *Pia desideria.*
Suso, Henri (1295-1366), *Le plus haut abandon* (bilingue).
Thérèse d'Avila (1515-1582), *Cantiques du chemin* (bilingue).
Trois Upanishad : Îshâ, Kena, Katha (bilingue).

Les Dialogues
de Maître Eckhart
avec sœur Catherine de Strasbourg
sont le volume 26 de la collection
Les Carnets spirituels.
Il a été achevé d'imprimer
à Mesnil-sur-l'Estrée
en mars 2004
pour le compte des Éditions Arfuyen.

Imprimé en France
ISBN : 2 84590 044 9
EAN : 9 782845 900448
ISSN 1627-7538
Dépôt légal : avril 2004
Imprimerie Book it

N° d'impression : 1.281.6948